Why? 컴퓨터

Why? 컴퓨터

2019년 2월 15일 4판 1쇄 발행
2023년 2월 10일 4판 8쇄 발행

펴낸이 | 나춘호
펴낸곳 | (주)예림당
등록 | 제2013-000041호
주소 | 서울특별시 성동구 아차산로 153
구매 문의 전화 | 561-9007
　　　　팩스 | 562-9007
책 내용 문의 전화 | 3404-9245
http://www.yearim.kr
ISBN 978-89-302-3704-8 74080
ISBN 978-89-302-3700-0 (세트)
ⓒ 2019 예림당 외

STAFF

내용을 꼼꼼히 감수해 주신 분
김형주

서울대학교 전산기공학을 전공하고 미국 텍사스대학교 대학원에서 전산학 박사 학위를 받았습니다. 미국 조지아 공대 조교수, 대한민국 교육전산망 운영본부 본부장, 서울대학교 정보화본부 본부장을 역임했고, 정보과학회 정책기획위원회 위원장, 서울공대 미래정보기술융합과정 주임 교수로 활동 중이며, 저서로는 〈쉽게 배우는 C++〉, 〈JAVA가 있다〉 등이 있습니다.

밑글을 재미있게 써 주신 분
조영선

만화 창작집단 '퍼니C'에서 스토리, 콘티 및 기획 작가로 활동하고 있습니다. 주요 작품으로 〈Why?〉 과학 시리즈 〈화학, 물리, 로봇, 식품과 영양, 해부학〉, 인문사회교양 시리즈 〈음악, 언어와 문자, SNS〉 등이 있으며 세라믹연구원, 한국표준과학연구원, 시흥시청의 홍보 만화와 〈팩맨의 스포츠 과학〉〈서바이벌 경제왕〉 등도 있습니다.
e-mail : ysuny2@hanmail.net

재미있는 만화를 그려 주신 분
그림수레

그림수레는 만화와 삽화를 그리는 창작 모임 단체로 어린이들에게 꿈과 희망을 줄 수 있는 수준 높은 만화와 캐릭터를 선보이려고 항상 노력하고 있습니다. 그린 책으로는 〈안녕, 형아〉와 〈Why?〉 과학 시리즈 〈컴퓨터, 동물, 생명과학, 동굴, 공생과 천적〉 인문사회교양 시리즈 〈철학, 법〉 등이 있습니다.

책임개발 | 백광균/연양흠 최혜원
디자인 | 이정애
사진 | 이건무
저작권영업 | 문하영/박정현
제작 | 신상덕/박경식
마케팅 | 임상호 전훈승

＊이 책은 저작권법에 따라 보호받는 저작물이므로 무단 전재와 무단 복제를 금합니다.
　이 책의 표지 이미지나 내용 일부를 사용하려면 반드시 (주)예림당의 서면 동의를 받아야 합니다.

△주의 : 책을 던지거나 떨어뜨리면 다칠 우려가 있으니 주의하십시오.
　　　낙장, 파본 등 결함이 있는 도서는 구입한 곳에서 교환받을 수 있습니다.

Why?
컴퓨터를 내면서

불과 20년 전만 해도 일반 가정에서 컴퓨터를 찾아보기란 힘든 일이었습니다. 가정에서보다 훨씬 많은 일을 처리해야 하는 기업이나 관공서에서조차 계산기나 수동 타자기를 이용하는 곳이 많았지요.

그런데 지금은 어떤가요? '컴퓨터 없이 사는 것은 빛이 없이 사는 것과 같다.' 라는 말이 나올 만큼 컴퓨터는 우리 생활에서 꼭 필요한 필수품으로 자리 잡았답니다. 가정이나 학교뿐만 아니라 병원, 공장, 은행 등 컴퓨터가 사용되지 않는 곳이 거의 없을 정도지요.

컴퓨터가 본격적으로 활용되기 시작하면서 우리 생활은 눈에 띄게 변했습니다. 일일이 직접 손으로 해야 했던 일들이 자동화되고, 복잡한 계산 문제가 쉽고 빠르게 해결되면서 짧은 시간 동안 많은 일을 효과적으로 할 수 있게 되었죠. 그 결과 생활 방식과 문화가 빠르게 변했어요. 컴퓨터의 발달은 이렇게 사회의 발달과 변화에 큰 영향을 끼쳤답니다.

예로부터 더 좋은 도구를 만들고 그 사용법을 익힌 민족일수록 강성한 나라를 세워 왔듯이, 현대에는 컴퓨터라는 첨단 도구를 효율적으로 활용한 나라들이 강대국으로 우뚝 섰습니다. 그만큼 컴퓨터에 대한 이해는 날이 갈수록 더욱 중요하게 여겨지고 있지요. 그러므로 다가올 미래를 이끌어 나갈 여러분이 컴퓨터에 관한 기초적인 이해와 흥미를 갖는 것이 매우 중요합니다. 자, 지금부터 컴퓨터의 올바른 이해와 함께 미래 첨단 시대의 주인공이 되어 보시길 바랍니다.

* 부모님이 함께 읽고 지도해 주시면 더욱 좋습니다.

CONTENTS

Why? 컴퓨터를 내면서 … 3

컴퓨터의 탄생과 발전

컴퓨터로 움직이는 세상 … 10
가상과 현실의 혼동 … 16
컴퓨터가 지배하는 세계 … 24
컴퓨터의 종류와 기능 … 28
컴퓨터의 발명 … 30
부품의 발달과 함께 진화하다 … 32
디버거의 출동 … 40

컴퓨터의 구성과 원리

하드웨어와 소프트웨어 … 44
입력 장치 … 50
연산 장치 … 55
제어 장치 … 59
기억 장치 … 63
출력 장치 … 67
통신 장치 … 72
컴퓨터의 성능과 작동 … 76
인터페이스 … 79

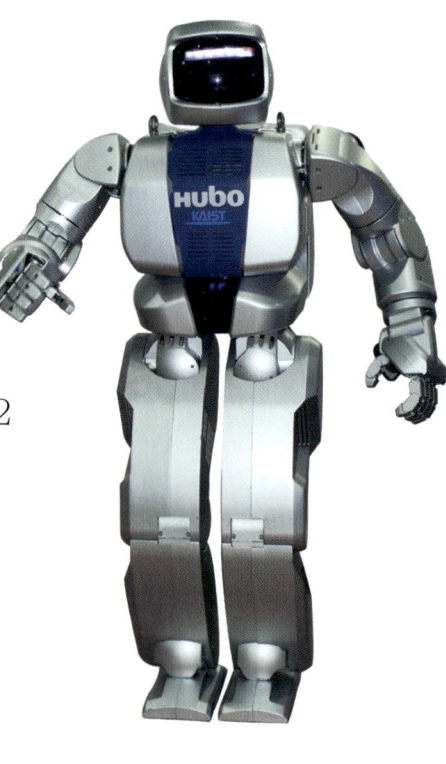

컴퓨터 언어와 프로그래밍 언어 … 81
소프트웨어의 사용 권한 … 85
응용 소프트웨어 … 89
엄지의 위기 … 97

컴퓨터의 활용과 미래

엄지의 백업 정보를 찾아라! … 104
컴퓨터의 활용 … 107
버퍼링 현상 … 116
컴퓨터 네트워크 … 122
유비쿼터스 컴퓨팅 … 127
컴퓨터 칩의 세계 … 136
컴퓨터의 신종족 … 143
광컴퓨터 … 145
양자 컴퓨터 … 147
뉴로 컴퓨터와 DNA 컴퓨터 … 149
그리드 컴퓨팅 … 151
마지막 결투 … 154
선택은 독자의 몫 … 158

 … 160

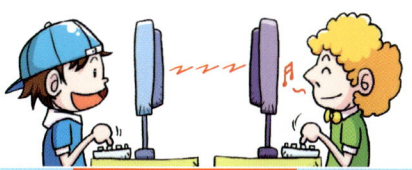
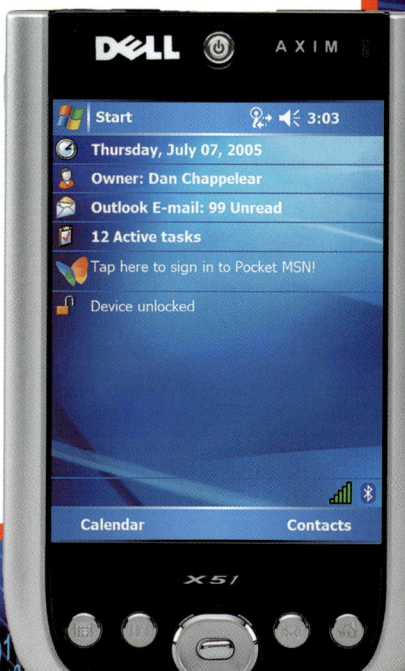

Why?

과학을 잘하고 싶다면 우리 주변의 모든 것에
'왜?' 라는 질문을 던져 보세요.
과학은 아주 작은 호기심에서 출발합니다.

CHARACTER

꼼지
장난기 많고 창의적인 아이. 컴퓨터의 지배를 받지 않아 자유롭다. 한편 호기심이 많아 사람들에게 열등생으로 보일 때가 있다.

엄지
컴퓨터 프로그램에 의해 조종당하는 아이. 꼼지의 노력을 통해 마침내 자유를 얻는다.

실리
천재적 능력을 가진 컴퓨터 전문가. 컴퓨터의 지배에서 가까스로 벗어난 후, 가상 현실 세계를 마음대로 제어한다.

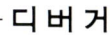
디버거
가상 현실 세계의 오류를 찾아 제거하는 컴퓨터 프로그램. 주인공들에게는 두려운 존재다.

컴퓨터의 탄생과 발전

컴퓨터로 움직이는 세상

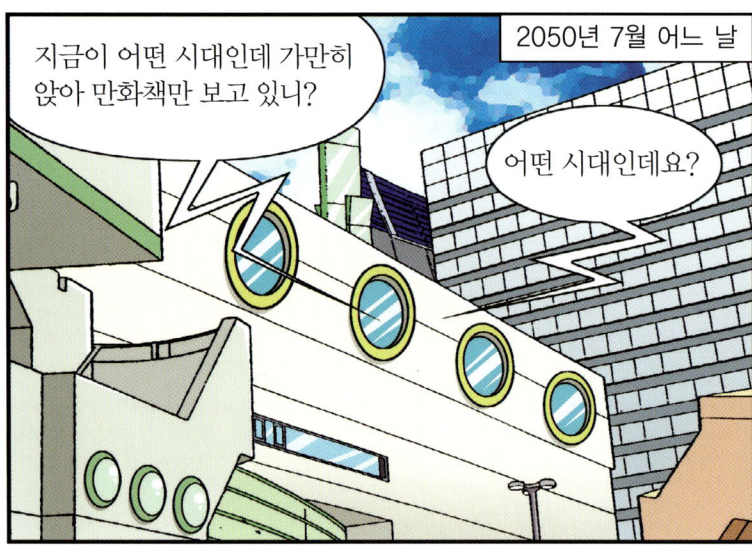

2050년 7월 어느 날

지금이 어떤 시대인데 가만히 앉아 만화책만 보고 있니?

어떤 시대인데요?

컴퓨터를 이용해 빛의 속도로 정보를 주고받는 컴퓨팅 시대지.

컴퓨터(computer)란?

전자 회로를 이용하여 자동적으로 계산이나 데이터를 처리하는 기계인 컴퓨터는 '계산하다'라는 뜻의 라틴어 콤푸타레(computare)에서 유래했습니다. 초기에는 단순히 계산을 하는 장치였지만 오늘날의 컴퓨터는 계산기의 기능을 넘어 정보 통신·의학·예술에 이르기까지 다양한 분야에 활용되어 비교·분석·판단·예측 등 인간의 지적 활동과 유사한 기능을 하고 있습니다.

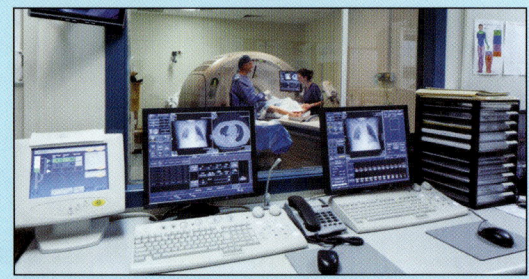

의료 분야에 이용되는 컴퓨터

지금 이 순간에도 세상은 빠르게 발전하고 있단다. 시대의 흐름에 조금이라도 뒤처지면 영영 따라가지 못하게 된다고.

어질~

어휴…

컴퓨터의 순기능

"물론 그렇지만 컴퓨터를 이용하면 생활이 더욱 빠르고 편리해지잖아."

복잡한 계산을 빠르게 처리할 수 있다.

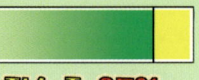

그림이나 문서 등을 신속하게 전달할 수 있다.

수많은 정보를 손쉽게 얻을 수 있다.

집에서 강의, 쇼핑, 회의 등이 가능하다.

게임, 음악, 영화 등의 엔터테인먼트가 손쉽게 이루어진다.

먼 곳에 있는 사람과도 교류가 가능하다.

컴퓨터의 역기능

음란, 폭력 등 미성년자에게 해로운 정보가 많다.

개인 정보가 악용될 수 있다.

서로 보이지 않기 때문에 욕설이나 남을 비방하는 글이 많아진다.

게임에 중독될 가능성이 있다.

불법 복제가 쉽게 이루어진다.

가족이나 친구 사이에 대화가 단절된다.

가상과 현실의 혼동

가상 현실

일상에서 경험하기 어려운 환경을 컴퓨터로 만들어서 직접 가 보지 않고도 그 환경에 들어와 있는 것처럼 보여 주고 조작할 수 있게 해 준다.

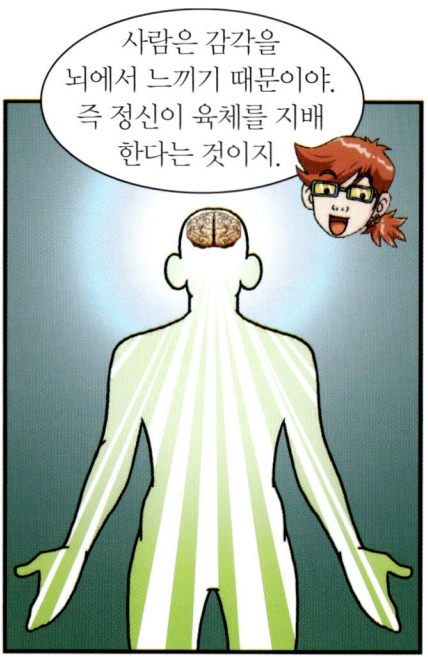

컴퓨터가 지배하는 세계

컴퓨터에 지배당하지 말라면서 컴퓨터를 배우라고요?

적을 이기기 위해서는 적을 알아야 하는 법!

이럴 줄 알았으면 엄지에게 많이 배워 둘걸….

네 친구도 소용없어. 아까 말했듯이 이 세상 모든 사람이 컴퓨터의 지배를 받고 있으니까.

컴퓨터를 잘하는 엄지도 사실은 컴퓨터의 지배를 받고 있었다니… 불쌍한 엄지!

현재 너를 제외한 모든 사람들은 컴퓨터가 주입시킨 프로그램에 따라 각자의 미래도 정해져 있어.

화가 프로그램 → 화가

의사 프로그램 → 의사

파일(file)이란?

컴퓨터 보조 기억 장치에 저장된 데이터의 모임을 말합니다. 파일은 각각 이름이 있고, 확장자로 그 종류를 구분합니다.

예) 실행하는 파일 .exe
　　아래아 한글 파일 .hwp

컴퓨터의 종류와 기능

기능에 따른 다양한 컴퓨터

개인용 컴퓨터 개인이 이용하는 소형 컴퓨터. PC라고도 한다.

데스크톱 개인의 책상 위에 설치할 수 있는 크기의 소형 컴퓨터

랩톱 서류 가방 정도의 크기로, 무릎 위에 올려놓고 사용한다는 의미에서 지어진 이름이다.

팜톱 초소형 컴퓨터로 손바닥에 올려놓고 사용한다는 의미에서 지어진 이름이다.

슈퍼컴퓨터 많은 양의 데이터를 초고속으로 처리할 수 있는 대형 컴퓨터

워크스테이션 사무용 또는 기술용 단말기로 쓸 수 있는 다기능 중형 컴퓨터

컴퓨터의 발명

참 신기해요. 이렇게 복잡하고 다양한 능력을 가진 컴퓨터를 사람이 만들어 내다니….

이런 뛰어난 성능의 컴퓨터가 하루아침에 만들어진 건 아니야.

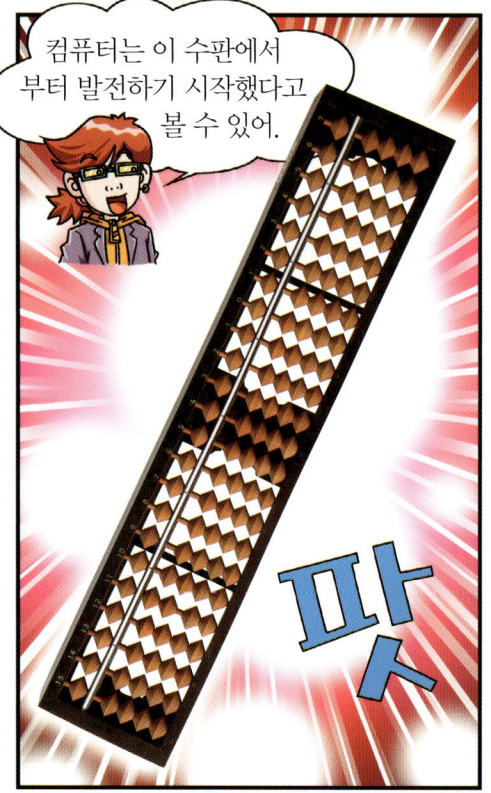

컴퓨터는 이 수판에서부터 발전하기 시작했다고 볼 수 있어.

엥, 이렇게 단순하게 생긴 게 컴퓨터라고요?

이게 컴퓨터는 아니지만 계산을 빠르게 해 준다는 점은 컴퓨터와 같지.

아, 이걸로 계산을 하는 거구나.

계산기의 발달

수판(기원전 2600년경)
구슬을 이용한 수동 방식

파스칼의 계산기(1642년)
톱니바퀴를 이용한 수동 방식. 덧셈, 뺄셈이 가능하다.

라이프니츠의 계산기(1673년)
미끄럼 톱니바퀴를 이용한 수동 방식. 덧셈·뺄셈·곱셈·나눗셈이 가능하다.

배비지의 계산기(1833년 고안)
현대 전자식 컴퓨터의 전신. 매우 세밀하게 설계되었으나 기술 부족으로 완성하지 못했다.

부품의 발달과 함께 진화하다

에니악(ENIAC) 1946년 미국 펜실베이니아 대학의 모클리와 에커트가 만든 세계 최초의 전자식 컴퓨터로, 무게가 30톤이나 되는 큰 기계 장치였다.

*탄도 : 발사된 탄알이나 미사일이 목표에 이르기까지 그리는 선
*장약 : 총포에 넣어 끼우는 화약이나 탄알

에드삭(EDSAC) 1949년에 영국 케임브리지 대학의 윌크스가 만든 컴퓨터로, 프로그램 내장 방식을 이용한 세계 최초의 기억식 컴퓨터이다.

유니박원(UNIVAC-Ⅰ) 에니악을 개발한 모클리와 에커트가 1951년에 만든 컴퓨터로, 세계 최초로 상품화된 컴퓨터이다.

트랜지스터의 장점

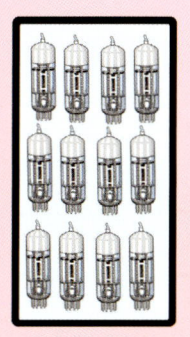 

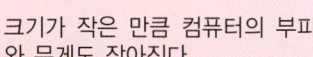
크기가 작은 만큼 컴퓨터의 부피와 무게도 작아진다.

저항이 작아 전력 소모량이 적다.

쉽게 깨지지 않고 수명이 길다.

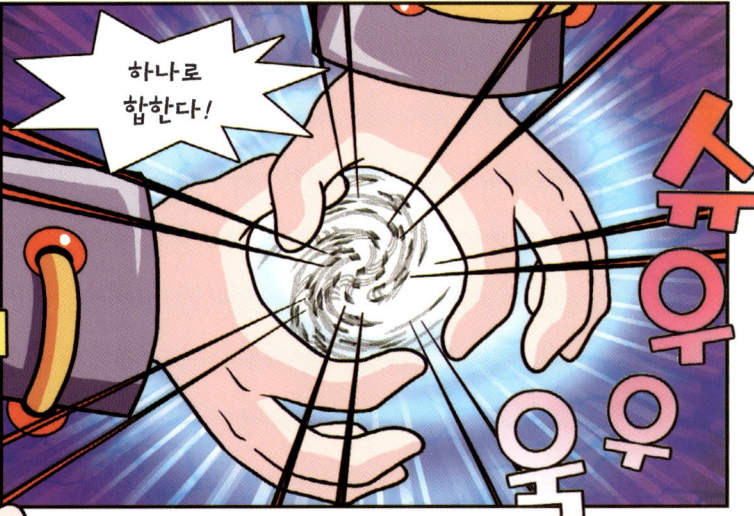
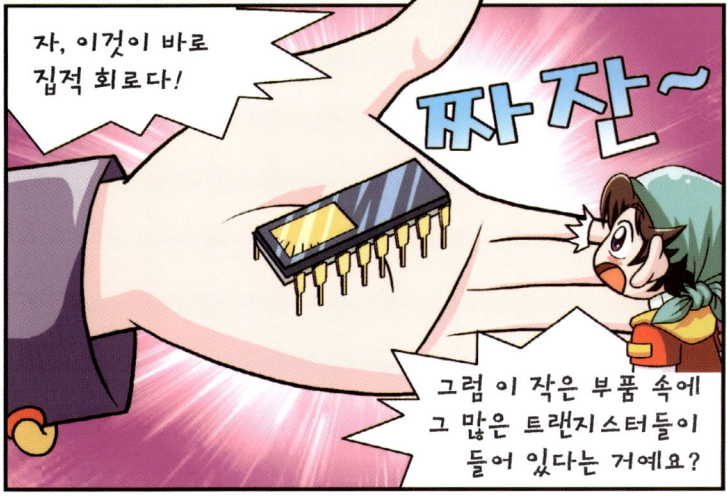
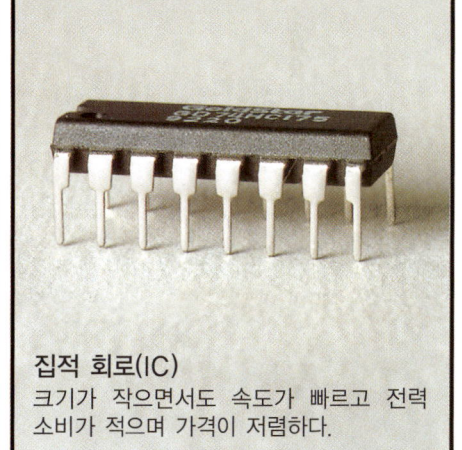

집적 회로(IC)
크기가 작으면서도 속도가 빠르고 전력 소비가 적으며 가격이 저렴하다.

고밀도 집적 회로와 초고밀도 집적 회로

고밀도 집적 회로(LSI)
여러 개의 집적 회로를 하나의 기판 위에 집적화한 회로. 칩 하나에 1천~10만 개의 소자가 들어 있다.

초고밀도 집적 회로(VLSI)
고밀도 집적 회로를 소형화한 것. 매우 작은 실리콘 기판 위에 10만~100만 개의 소자가 들어 있다.

*소자 : 전자 회로의 구성 요소가 되는 낱낱의 부품으로, 독립된 고유의 기능을 가지고 있는 것

IC를 이용한 컴퓨터를 '3세대 컴퓨터(1964~1970년대 중반)', LSI·VLSI를 이용한 컴퓨터를 '4세대 컴퓨터(1975~최근)'라고 한다.

3세대 컴퓨터

IBM 360(1964년)
IBM사가 집적 회로를 이용해 만든 컴퓨터. 소프트웨어와 주변 장치가 다른 컴퓨터와 호환이 되는 최초의 컴퓨터이다.

4세대 컴퓨터

IBM PC(1981년)
IBM사가 만든 최초의 개인용 컴퓨터. PC(Personal Computer)라는 명칭은 이 제품의 고유명이었으나 지금은 개인용 컴퓨터를 가리키는 말로 쓰인다.

역시 부품이 발달하니 컴퓨터 크기가 훨씬 작아졌네요.

그리고 2050년 현재와 같이 인공 지능을 갖춘 컴퓨터를 '5세대 컴퓨터'라고 하지.

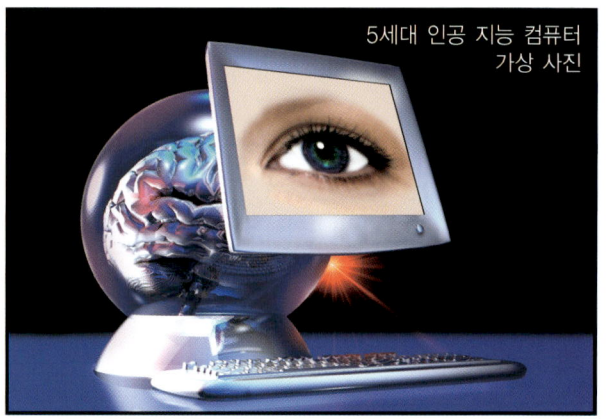

5세대 인공 지능 컴퓨터 가상 사진

미래의 5세대 컴퓨터의 특징

인공 지능형
스스로 생각하고 판단하여 말한다.

신경망형
사람의 뇌신경을 모방하여 음성, 문자, 감각 인식이 가능하다.

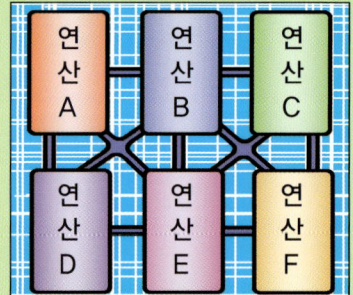

병렬형
여러 개의 연산 장치를 병렬 연결하여 성능이 향상되었다.

컴퓨터는 소형화, 저렴화, 고성능화 이 3가지를 기본 방향으로 삼아 발전해 왔어.

소형화

저렴화

고성능화

현재의 컴퓨터는 로봇과 접목되어 책상 위의 단순한 도구에서 스스로 판단하고 움직이는 인간의 형태로 진화하고 있다. 우리나라 최초의 인간형 로봇은 휴보이다. 휴보는 2004년 12월 한국 과학 기술원(KAIST) 기계공학과 오준호 교수팀이 개발하였다.

최초의 컴퓨터가 등장하고 100년도 채 되지 않아서 인공 지능 컴퓨터가 만들어지다니. 게다가 이렇게 인간 세상을 지배하고….

하지만 그런 컴퓨터를 만든 건 인간이다. 우린 반드시 그들의 지배로부터 인간을 구출할 수 있을 거야.

디버거의 출동

컴퓨터의 구성과 원리

하드웨어와 소프트웨어

* 과부하 : 기기나 장치가 다룰 수 있는 정도를 넘은 에너지 소비

사람과 컴퓨터의 정보 처리 과정

사람은 눈, 코, 귀 등의 감각 기관을 통해 정보를 받아들이고, 뇌를 통해 생각하고 판단하여 입이나 손, 발 등으로 적절한 의사 표현을 한다. 컴퓨터의 정보 처리 과정도 사람과 비슷하다. 키보드, 마우스, 본체, 모니터 등과 같은 여러 기기로 구성되어 있어 정보를 입력하고 처리하여 출력할 수 있는 것이다.

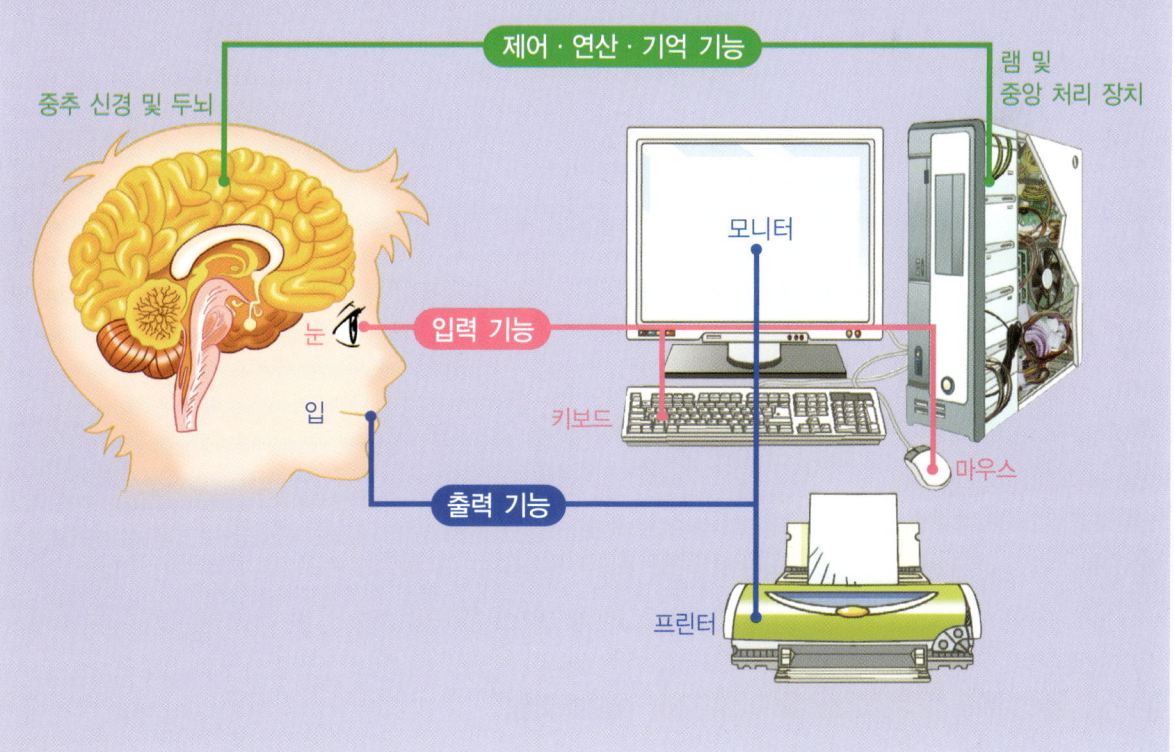

버그(bug)란?

컴퓨터 작동을 방해하는 기계적·전기적·전자적인 결함이나 프로그램을 부호화하는 과정에서 일어나는 오류(기능 결함)를 뜻합니다. '버그'란 영어 단어의 뜻 그대로 '벌레'에서 유래했지요. 1946년 하버드 대학의 교직원인 그레이스 호퍼가 고장 난 컴퓨터를 분해했더니 그 안에 나방이 죽어 합선을 일으키고 있었습니다. 이 사건을 계기로 전자 기기에 문제가 생기면 '버그가 발생했다'라고 말하기 시작했습니다.

* 뇌사 : 뇌의 기능이 정지된 상태

입력 장치

아무리 뛰어난 성능의 자동차가 있어도 이를 조종하는 핸들이 없다면 원하는 방향으로 나아갈 수 없는 것처럼,

만약 키보드나 마우스가 없다면 아무리 좋은 사양의 컴퓨터가 있더라도 사용할 수 없다.

앗, 키보드와 마우스 주문하는 걸 깜빡 잊었다!

다양한 입력 장치

이렇듯 컴퓨터에게 임무를 지시하고 명령을 전달하는 도구를 입력 장치라고 해.

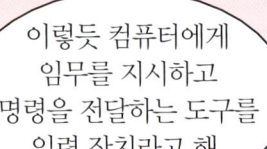
키보드
다양한 글자 명령을 입력하거나 버튼으로 프로그램을 조작한다.

마우스
한 손만을 이용한 쉬운 조작으로 화면상의 메뉴를 선택하거나 그림 등을 그린다.

마이크
음성을 입력한다.

캠코더, 카메라
동영상이나 사진 등의 자료를 입력한다.

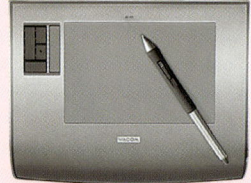
태블릿
펜으로 글씨를 쓰거나 그림을 그려 정보를 입력한다.

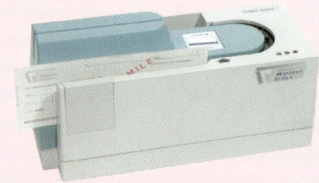
광학마크판독기(OMR)
용지에 빛을 비추어 표시된 부분을 인식한 뒤 전기 신호로 바꿔 입력한다.

조이 스틱
주로 게임에 쓰며, 버튼 및 막대로 프로그램을 조작한다.

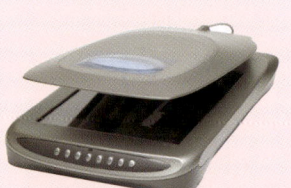
스캐너
이미지 자료를 입력한다.

바코드 판독기
바코드를 읽어 들인다.

아, 확실히 알 것 같아요.

연산 장치

제어 장치

중앙 처리 장치의 성능은 신호를 주고받는 통로(BUS)로 한꺼번에 얼마만큼의 데이터가 이동할 수 있느냐에 따라 8비트, 16비트, 32비트, 64비트 등으로 구분된다. 펜티엄 컴퓨터는 내부 버스의 크기가 64비트인 컴퓨터를 말한다.

중앙 처리 장치(CPU)
컴퓨터 프로그램의 모든 연산을 수행하고 시스템 전체의 작동을 통제하는 가장 핵심적인 장치이다.

* 비트(bit) : 0 또는 1로 표현할 수 있는 컴퓨터 데이터의 가장 작은 단위

두뇌를 지배당했으니 이들은 이제 쓸모없는 빈껍데기일 뿐이야.

번쩍

꿈틀

헉!

덥석

깜짝

하하, 방심했구나. 나는 다른 디버거들과 달리 스스로 리셋할 수 있는 능력이 있다!

리셋(reset)이란?

초기 설정이나 미리 정해 놓은 설정 상태로 다시 되돌리는 일을 말합니다. 컴퓨터 회로를 이용한 제품들은 장시간 사용하면서 새로운 정보들이 추가되기 때문에 기본 설정이 바뀌며 오류가 발생할 수 있습니다. 이때 리셋을 실행하면 초기 설정으로 되돌아와 일반적인 오류를 쉽게 해결할 수 있습니다. 대신 새로 추가된 데이터를 잃어버릴 가능성도 있습니다.

전원 버튼
리셋 버튼

기억 장치

다양한 보조 기억 장치

하드 디스크(HDD)
보통 컴퓨터 내부에 고정되어 있으며, 대용량의 자료를 저장할 수 있다. 필요에 따라 탈부착이 가능하다.

광메모리
비교적 용량이 크고 휴대가 간편하다. 읽기만 가능한 CD-ROM, 읽기와 쓰기가 가능한 CD-RW 장치를 통해 사용할 수 있다.

플로피 디스크
휴대가 간편하지만 용량이 작고 속도가 느려 지금은 거의 사용하지 않는다. 플로피 디스크 드라이버가 있어야 사용할 수 있다.

플래시 메모리
휴대가 편리하고 저용량의 자료를 저장, 이동시키는 데 유용하다. 특별한 보조 장치 없이 컴퓨터에 연결해 사용할 수 있다.

솔리드 스테이트 디스크(SSD)
하드 디스크만큼이나 저장 용량이 크면서도 처리 속도가 빠르고 전력도 적게 소비하는 차세대 보조 기억 장치이다.

컴퓨터 데이터 저장 용량의 측정 단위

8비트(bit) = 1바이트(byte)
1024바이트 = 1킬로바이트(KB)
1024킬로바이트 = 1메가바이트(MB)
1024메가바이트 = 1기가바이트(GB)
1024기가바이트 = 1테라바이트(TB)
1024테라바이트 = 1페타바이트(PB)
1024페타바이트 = 1엑사바이트(EB)
1024엑사바이트 = 1제타바이트(ZB)
1024제타바이트 = 1요타바이트(YB)

다양한 출력 장치

결과물을 보여 주는 장치를 통틀어 출력 장치라고 해. 사람의 입이나 손에 해당하는 장치지.

모니터(디스플레이)
화면으로 보여 준다.

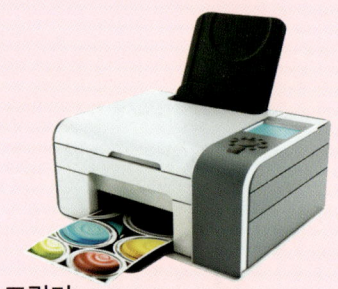

프린터
용지에 인쇄하여 내보낸다.

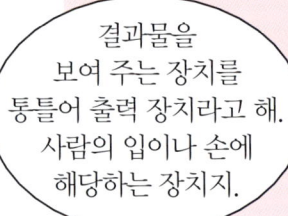

스피커
소리로 알려 준다.

프로젝터
벽면이나 전용 스크린에 빛을 쏘아 보여 준다.

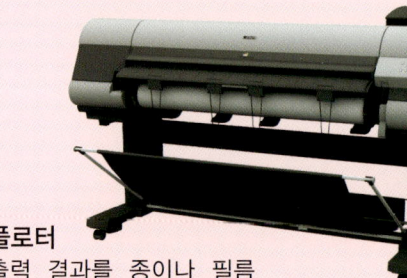

플로터
출력 결과를 종이나 필름 등에 나타낸다. 주로 대형 인쇄에 쓰인다.

모니터는 화면 표시 방식에 따라 이렇게 구분해.

음극선관 방식(CRT)
전기 신호로 적, 녹, 청(RGB)의 전자 빔을 발사해 화면을 표시한다. TV 브라운관은 이 방식을 응용해 만든다.

액정 방식(LCD)
액체와 고체의 중간 물질인 액정을 얇은 유리판 사이에 주입해 상하 유리판의 전압차로 액정 분자를 배열시켜 화면을 표시한다.

플라즈마 방식(PDP)
네온과 크세논이나 아르곤의 혼합 가스를 방전시켜 발생한 자외선이 형광체에 부딪혀 빛을 내면 이를 이용해 화면을 표시한다.

모니터에 영상이 나오도록 주기억 장치에서 생성된 디지털 신호를 영상 신호로 바꾸는 역할은 그래픽 카드가 한다.

그래픽 카드

또 다른 출력 장치인 프린터도 여러 종류가 있다.

둘 다 장단점을 가지고 있지.

잉크젯 프린터
미세한 구멍으로 잉크 입자를 종이에 뿌려 인쇄하는 방식이다. 가격이 저렴하고 소음이 적지만, 다소 느리고 잉크가 마르는 데 시간이 걸린다는 단점이 있다.

레이저 프린터
감광 드럼에 레이저빔을 쏘아 인쇄하는 방식이다. 속도가 매우 빠르며 선명하고 번질 위험이 없다. 하지만 가격이 비싼 편이다.

아무리 모니터가 좋아도 그래픽 카드가 없으면 소용없어.

* 네온 : 공기 중에 적게 들어 있는 가스 상태의 원소. 방전관에 넣으면 아름다운 빛을 내어 네온전구 및 네온사인 등에 이용됨
* 크세논 : 공기 중에 가장 적게 들어 있는 무색무취의 원소
* 아르곤 : 무색무취의 원소. 백열전구, 형광등 등에 쓰임

통신 장치

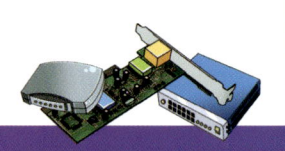

"녀석들을 만났을 때 통신 장치부터 미리 망가뜨렸어야 했는데…."

"통신 장치요?"

"연산·제어·기억·입력·출력의 5대 기본 장치는 아니지만 현대 컴퓨터에서 절대 빠져서는 안 될 장치지."

"이 녀석은 미리 보낸 디버거들과 통신 장치로 정보를 주고받았어."

다양한 통신 장치

전자 회선을 이용해 컴퓨터 사이에 정보를 교환할 수 있도록 해 주는 장치를 말한다.

랜(LAN)카드
외부 네트워크와 가장 빠른 속도로 접속하고 데이터를 주고받을 수 있다. 컨트롤 칩과 통신 전용 칩, 버퍼 등으로 이루어져 있다.

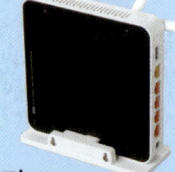

라우터
외부 회선을 내부와 충돌 없이 연결해 주며 대규모 통신망을 구성하기 쉽다. 단 초기 환경 설정이 어렵고 기능이 복잡하다.

모뎀
전화선을 이용한 원거리 통신 장비이다. 비싼 전화 요금과 느린 속도 때문에 지금은 거의 사용하지 않는다.

컴퓨터의 성능과 작동

컴퓨터 정보를 확인하는 방법

윈도 왼쪽 아래에 있는 '시작', '실행'을 차례로 누른 후 dxdiag라고 입력하고 '확인'을 누르면 해당하는 컴퓨터의 정보를 확인할 수 있습니다.

시스템 정보

```
현재 날짜/시간:  2009년 2월 17일 화요일, 18:04:20
컴퓨터 이름:    CHOIHW
운영 체제:      Microsoft Windows XP Professional (5.1, 빌드 2600)
언어:          한국어 (국가별 설정: 한국어)
시스템 제조업체: Parallels Software International Inc.
시스템 모델:    Parallels Virtual Platform
BIOS:         Default System BIOS
프로세서:      Intel(R) Core(TM)2 Duo CPU    E8135  @ 2.40GHz
메모리:        1024MB RAM
페이지 파일:    423MB 사용됨, 1270MB 사용 가능
DirectX 버전:  DirectX 9.0c (4.09.0000.0904)
```

* 다운 : 컴퓨터 시스템에 문제가 생겨서 하드웨어 및 프로그램의 작동이 일시적으로 중단되거나 전원이 꺼지는 현상

컴퓨터가 다운되는 다양한 원인

컴퓨터를 사용하다 보면 갑자기 다운되는 경우가 종종 있다. 그 원인에는 여러 가지가 있지만 주로 다음과 같다.

메인보드의 수많은 반도체 부품 중 불량 부품이 있을 경우

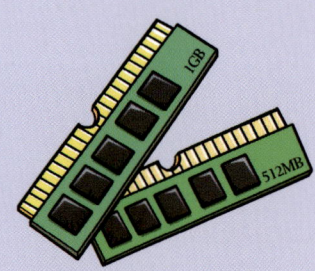

2개 이상의 램이 서로 다른 크기의 용량일 경우나 다른 회사의 제품일 경우

하드 디스크를 구성하는 메모리의 일정 구간이 손상되었을 경우

전원을 컴퓨터 각 시스템으로 전달해 주는 파워서플라이의 힘이 부족할 경우

각 기기들을 서로 연결해 주는 선이 끊어지거나 제대로 맞물리지 않았을 경우

외부의 찬 공기를 내부로 전달해 주는 쿨러에 먼지가 끼거나 멈춰 내부 온도가 높아졌을 경우

중요한 프로그램에 바이러스가 침투하여 프로그램을 망가뜨리거나 버그가 생겼을 경우

78　＊메인보드 : 컴퓨터의 기본적인 부품을 장착한 기판

인터페이스

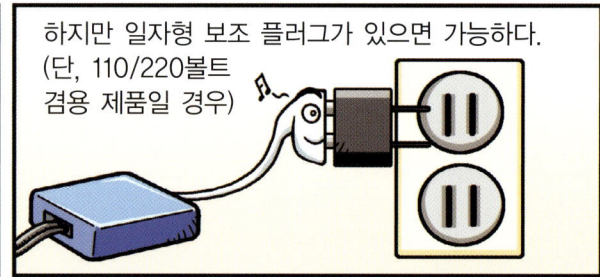

하드웨어 인터페이스

DVI 포트
영상 신호를 디지털 형태로 전송하는 규격으로 디지털 영상 장치에 알맞음

HDMI 포트
음성과 영상을 하나로 통합해 전송함

마이크, 스피커, 헤드셋 포트

USB 포트
직렬·병렬·PS2 포트를 통합한 것으로 다양한 주변 장치를 연결할 수 있고 전송 속도가 빠름

이처럼 컴퓨터에도 각각의 장치에 알맞은 인터페이스가 있어야만 원활한 정보 교환이 이루어져.

운영 체제 인터페이스

텍스트 기반 운영 체제
키보드로 명령어를 입력하면 텍스트로 된 결과물이 화면에 표시되는 방식. MS-DOS가 대표적이다.

그래픽 기반 운영 체제
마우스를 이용해 아이콘을 클릭하여 입력하면 이미지 형태의 출력물이 화면에 표시되는 방식. Windows가 대표적이다.

소프트웨어에도 인터페이스가 있어. 이건 시스템 소프트웨어 중 운영 체제에 해당하는 인터페이스야.

* 시스템 소프트웨어 : 컴퓨터를 사용할 때 가장 기본적으로 필요한 소프트웨어. 운영 체제 및 컴퓨터 언어 번역 프로그램, 문서 편집기 등이 이에 해당함

컴퓨터 언어와 프로그래밍 언어

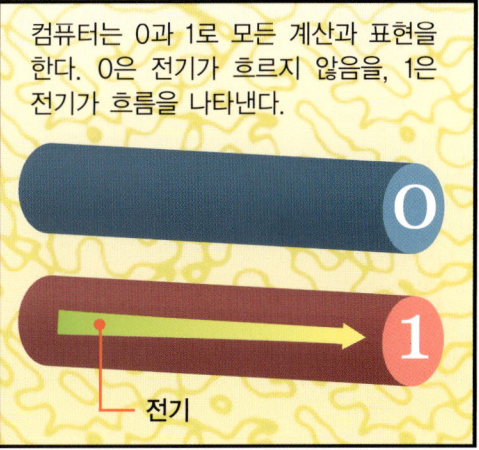

종류	번역기	특징
어셈블리 언어	어셈블러	초기 프로그램 언어로, 컴퓨터 위주의 저수준 언어. 실행 속도가 빠름
인터프리트 언어	인터프리터	인간이 이해하기 쉽게 만든 인간 위주의 고수준 언어. 원시 부호를 기계어로 바꿔 실행하며 Lisp, Basic 등이 이에 속함
컴파일 언어	컴파일러	인간 사고에 맞는 고수준 언어. 원시 부호를 기계어로 바꾼 뒤 다시 목적 파일로 바꾸어 실행하며 C++, Java, Pascal 등이 이에 속함

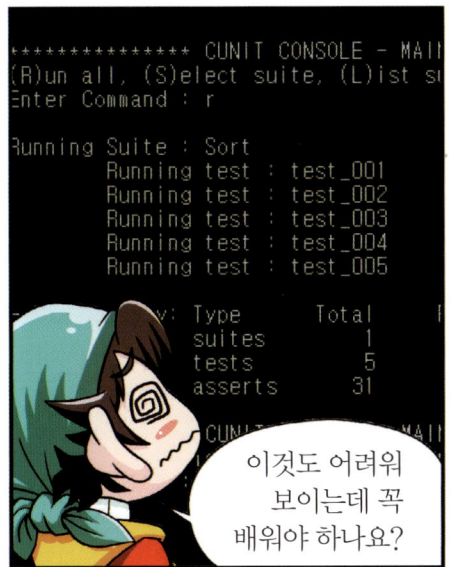

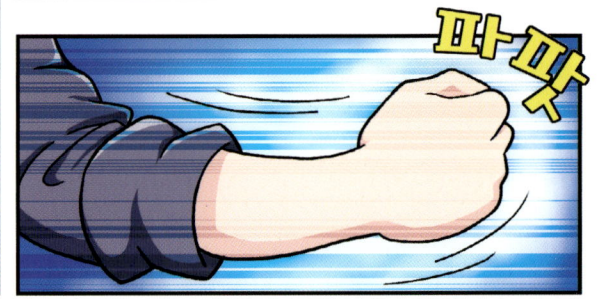

소프트웨어의 사용 권한

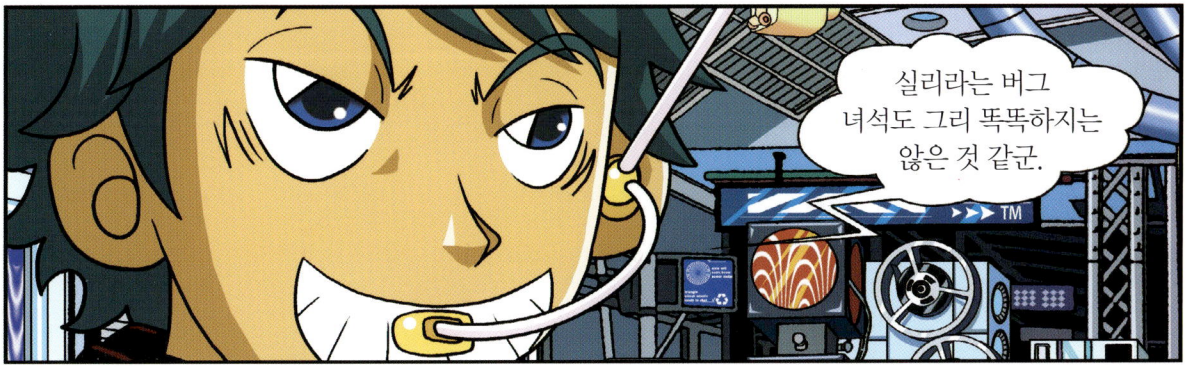

불법 복제란?

저작권자의 동의 없이 소프트웨어의 내용을 복제하여 사용하는 행위를 뜻합니다. 복사·저장·대여·위조·온라인 유통 등이 모두 포함됩니다. 이는 도덕적인 문제이며 소프트웨어 산업의 발전을 막는 원인이 되고 있습니다.

사용 권한에 따른 소프트웨어의 종류

각 소프트웨어에는 사용할 수 있는 권한이 주어져 있다. 이를 어기는 행위는 불법으로 간주되어 처벌받을 수도 있으므로 소프트웨어의 사용 권한을 잘 지켜야 한다.

프리웨어(공개판) 무료로 배포되는 컴퓨터용 소프트웨어다. 상업적으로는 이용할 수 없다.
셰어웨어(체험판) 지정된 기간 동안은 무료로 사용할 수 있으며 판권은 저작자가 가지고 있다.
트라이얼 기업이나 개발자가 미리 경험해 볼 수 있도록 만든 것으로 상업적으로는 이용할 수 없다.
베타 정식으로 발표하기 전, 오류를 찾아내기 위해 특정 사용자에게 배포하는 시험용 소프트웨어다.
데모 홍보를 위해 만든 것으로 정해진 부분만 반복하거나 일부 기능만을 이용할 수 있다.
패치 소프트웨어 판매 후 문제가 발생했거나 추가 기능이 생겼을 때 무료 배포하여 덧씌우는 소프트웨어다.
크랙(깁) 불법 사용을 막기 위한 장치를 사용자들이 불법으로 해제해 놓아 정품처럼 쓸 수 있는 소프트웨어다.

응용 소프트웨어

인증 되었습니다.

우아, 성공이야!

지잉

오, 한 번에 성공할 줄이야….

앗! 여기는 도대체….

오오오오오

일반 업무용은 문서 작성, 자료 관리, 전자 계산, 그래픽, 통신 등을 다루는 프로그램이다.

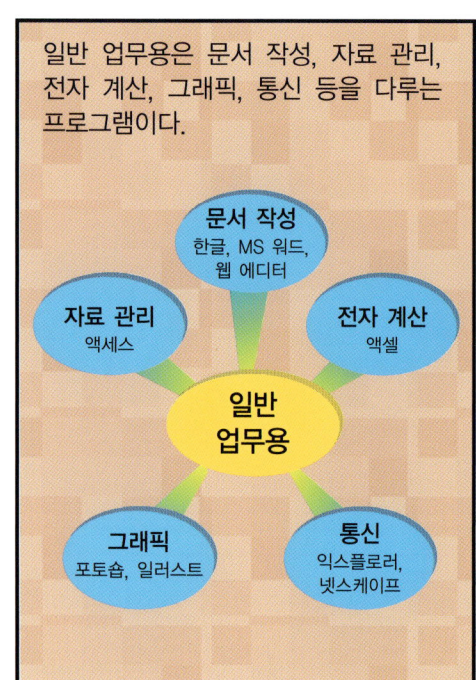

교육용은 교사들의 수업 활동을 지원하는 교수용과 학생들의 학습을 돕는 학습용, 전반적인 교육 활동을 돕는 교육 업무 지원용 프로그램으로 나뉜다.

경기도교육정보연구원에서 만든 교육용 소프트웨어

가사용은 가계부나 영양 관리, 건강 관리 프로그램,

컴퓨터로 정리하니 정말 편하구나.

오락용은 취미와 여가를 위한 프로그램,

와, 내가 이겼다!

특수 업무용은 병원, 역, 은행 등에서 특수한 업무를 수행하기 위해 제작된 프로그램이다.

비밀번호를 입력해 주세요.

이 응용 프로그램들이 지금 보이는 가상 세계를 만들고, 꾸준히 업그레이드와 업데이트를 해 주는 거야.

업그레이드? 업데이트?

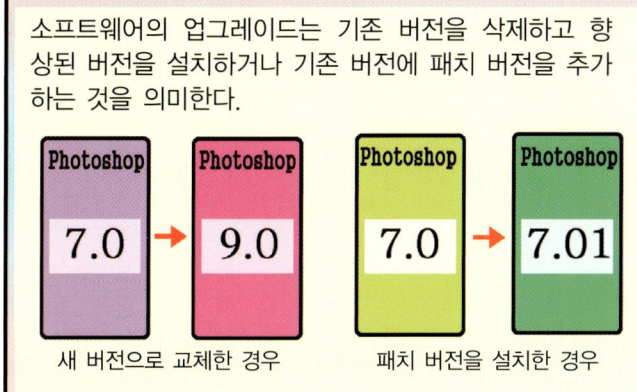

버전(version)이란?

소프트웨어의 개발 단계 및 순서를 번호로 구분한 것입니다. 완제품이 나오기 전에 테스트를 목적으로 사용자들에게 무료 배포할 때는 알파, 베타 버전이라 부르며, 완성되면 버전(v)1.0으로 내놓지요. 이후 1.1, 1.2, 2.0, …, 3.0, 3.1 식으로 업그레이드를 해 나가는데, 주로 기능이 크게 향상되면 주번호를, 오류 수정 정도로 소폭 향상되면 부번호를 늘립니다. 이처럼 버전을 높여 새로 발표하는 일을 버전업이라고 합니다.

주번호
부번호

기능이 여섯 번에 걸쳐 크게 향상되고, 다섯 번에 걸쳐 소폭 향상됐다는 표시

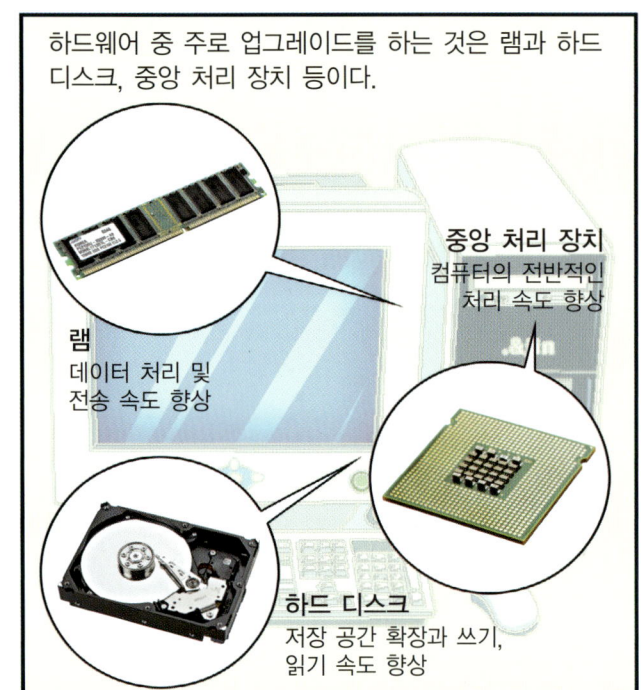

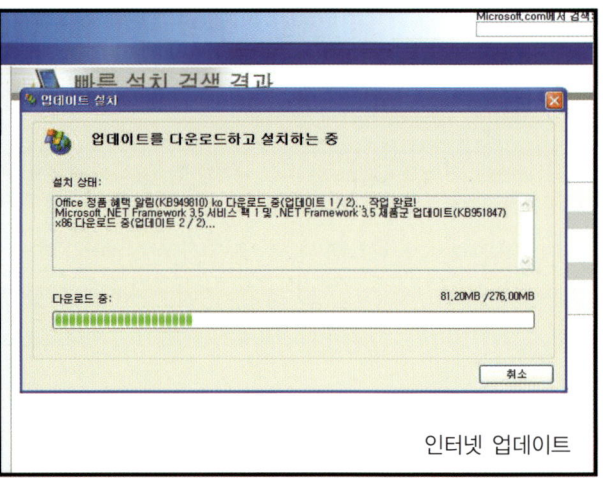

인터넷 업데이트

벡터와 비트맵

컴퓨터상에서 그림을 그리는 방식에는 두 가지가 있다. 수학 방정식을 기반으로 하는 점, 직선, 곡선, 다각형 등으로 그림을 그리는 벡터 방식과 화면상의 각 지점을 점으로 연결해 그림을 그리는 비트맵 방식이다.

벡터
- 선명한 그림 표현이 가능하다.
- 파일 용량 크기가 작다.
- 확대해도 그림이 깨져 보이지 않는다.
- 글자, 로고, 캐릭터 디자인 등에 알맞다.

비트맵
- 정교한 그림 표현이 가능하다.
- 파일 용량 크기가 크다.
- 확대하면 그림이 깨져 보인다.
- 사진, 회화, 이미지 등에 알맞다.

엄지의 위기

컴퓨터의 활용과 미래

엄지의 백업 정보를 찾아라!

갑작스러운 충격을 받아 프로그램이 손상되어 의식을 잃어버렸어.

하지만 다행인 점은 중요한 부분은 손상되지 않았다는 거야. 그래서 이렇게 형체는 유지하게 된 거지.

그럼 이제 어떻게 하죠?

엄지의 백업 파일을 찾아 손상된 부분을 복원시켜야 해.

백업 파일요?

파일이 손상되거나 분실되는 것에 대비해 미리 정상적인 정보를 복사해 둔 파일을 말해.

1차 백업

2차 백업

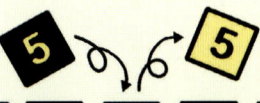

보조 저장 장치 중 하나인 플래시 메모리

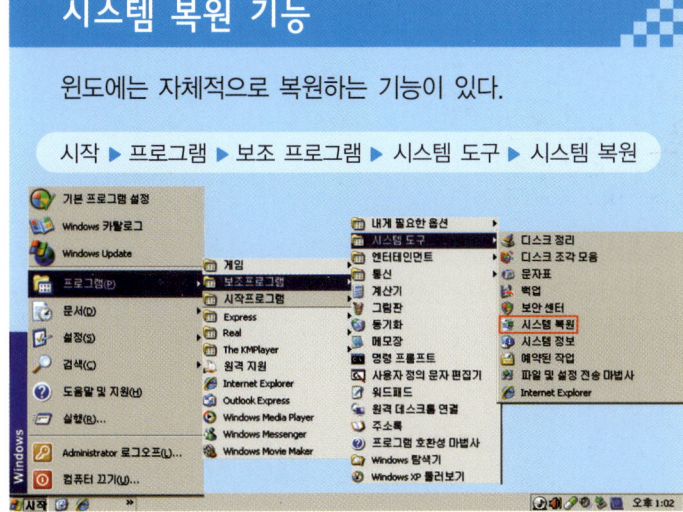

컴퓨터의 활용

컴퓨터를 이용한 건강 관리

게임기를 운동 기구와 연결해 즐겁게 게임을 하며 운동할 수 있다.

체중과 체지방 등의 건강 상태를 점검하여 알맞은 강도의 운동을 시켜 준다.

몸 상태를 수시로 점검해 병원에 전송하여 미리미리 병을 진단받을 수 있다.

학교에서의 컴퓨터 활용

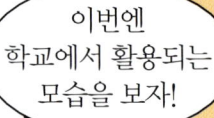
이번엔 학교에서 활용되는 모습을 보자!

교재와 칠판 대신 컴퓨터 이용

선생님이 수업에 필요한 정보를 관리

자료가 풍부한 인터넷을 통해 학습에 필요한 자료 습득

컴퓨터나 TV 모니터를 통해 선생님과 학생들 사이의 대화 가능

사회에서의 컴퓨터 활용

사회에서도 컴퓨터는 아주 유용하게 쓰이지.

시청, 구청, 주민센터 등에서 행정 정보 관리에 이용

교통 카드, 내비게이션, 교통 상황 관리 등에 이용

수자원 관리, 태풍 경보, 위성 관측 등에 이용

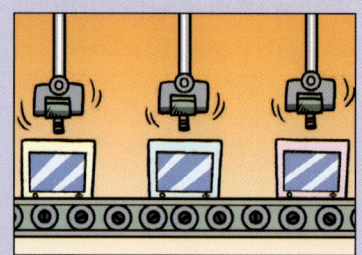
설계, 생산, 검사 등을 컴퓨터로 보다 정교하게 처리

정보, 문서, 회계 등을 컴퓨터로 처리

버퍼링 현상

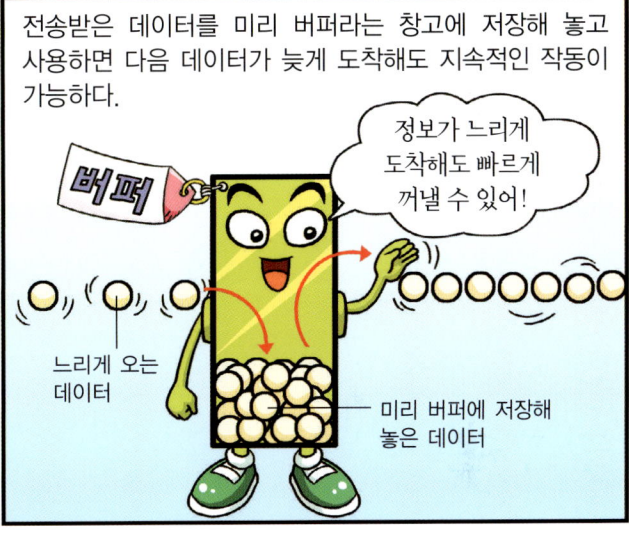

*버퍼 : 동작 속도가 크게 다른 두 장치 사이에 접속되어 속도 차를 조정하기 위해 이용되는 일시적인 저장 장치

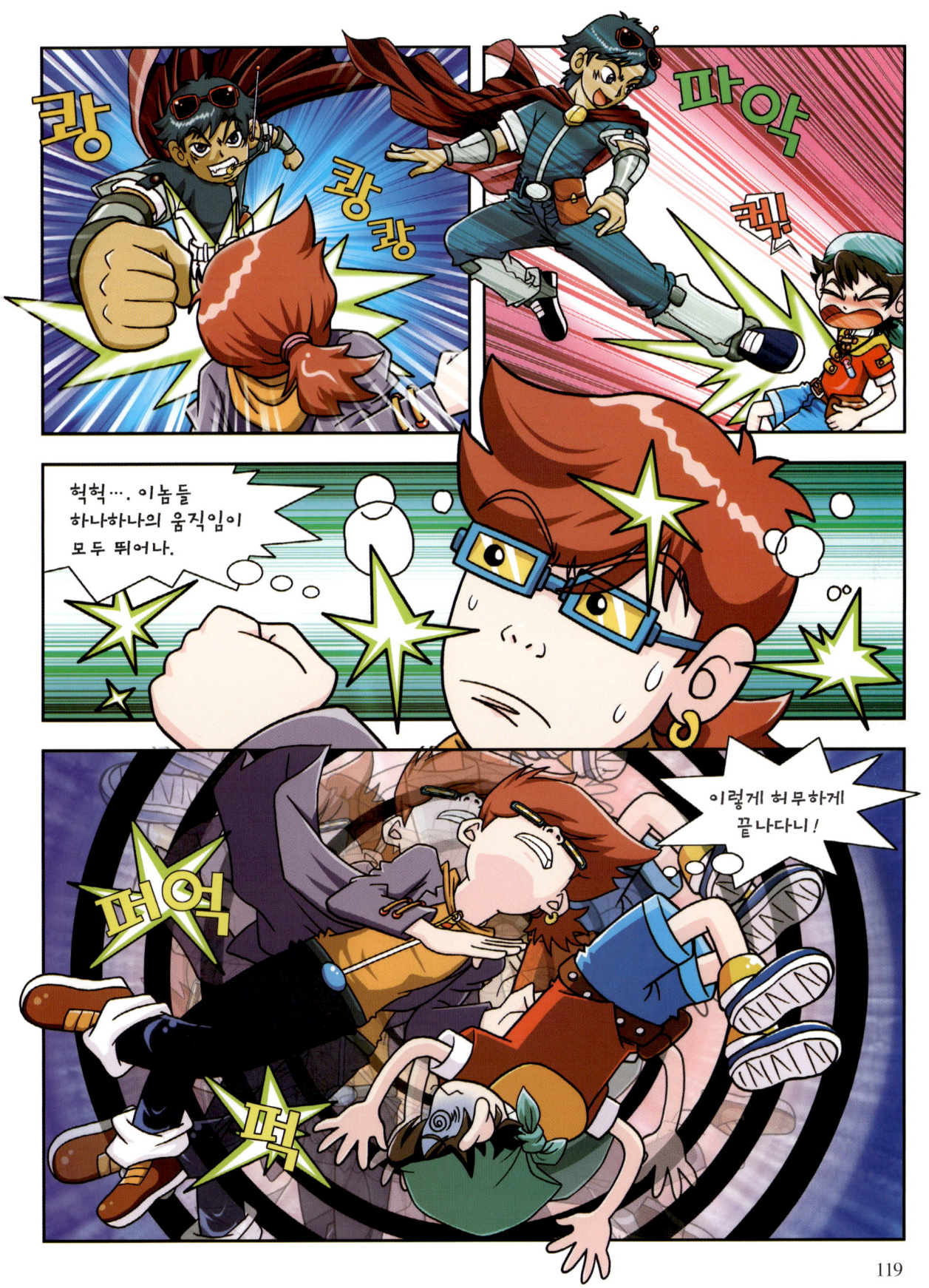

컴퓨터 네트워크

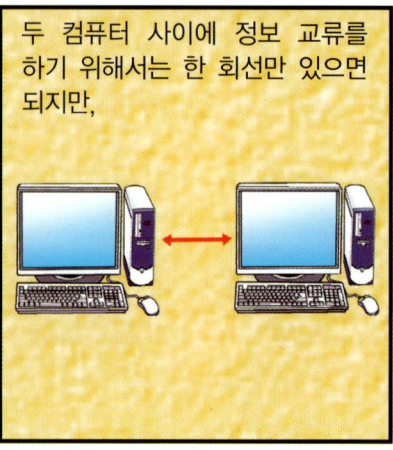
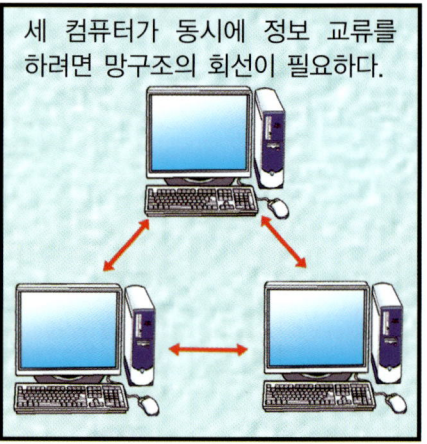

* 망구조 : 통신망을 설계할 때에 대응되는 구성 항목 사이의 통일된 기술 수준을 나타낸 구조

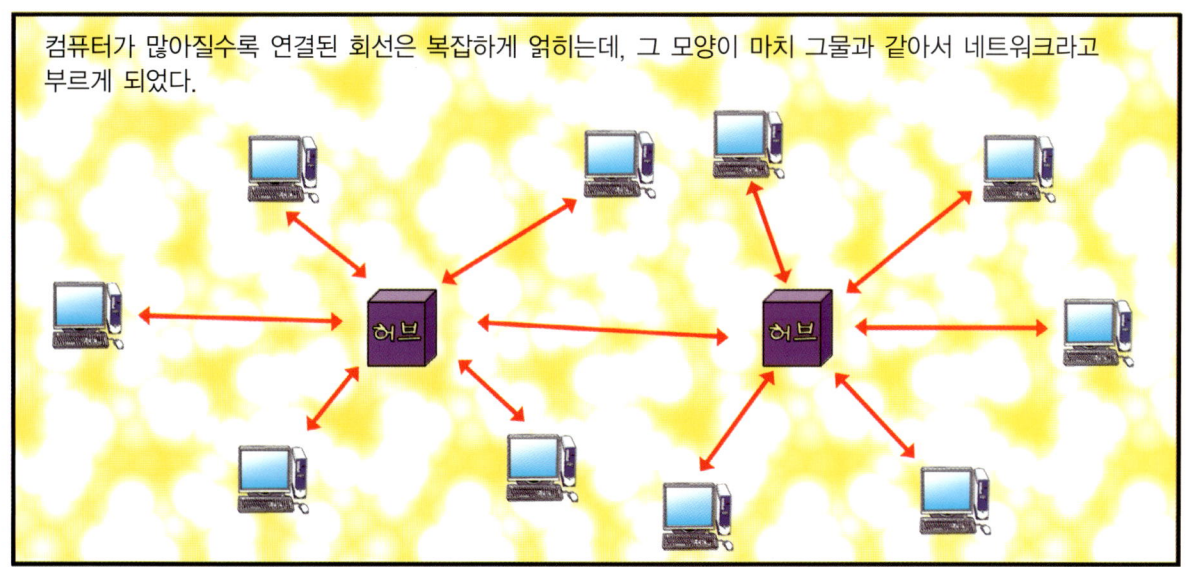

컴퓨터가 많아질수록 연결된 회선은 복잡하게 얽히는데, 그 모양이 마치 그물과 같아서 네트워크라고 부르게 되었다.

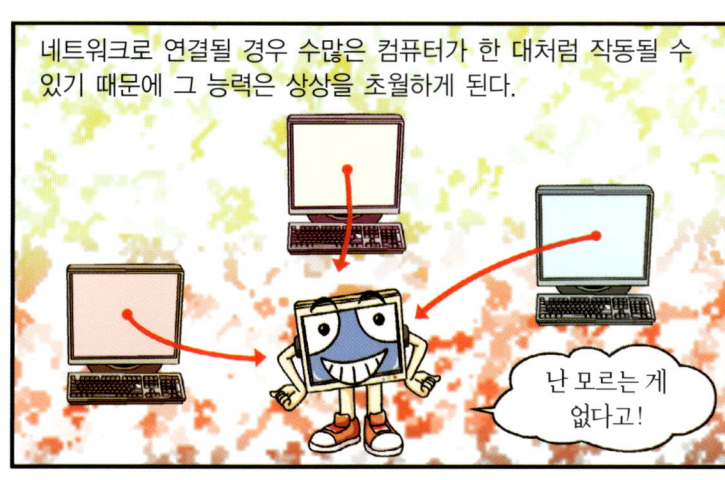

네트워크로 연결될 경우 수많은 컴퓨터가 한 대처럼 작동될 수 있기 때문에 그 능력은 상상을 초월하게 된다.

난 모르는 게 없다고!

컴퓨터가 똑똑해진 이유도 바로 네트워크 때문이었어.

아….

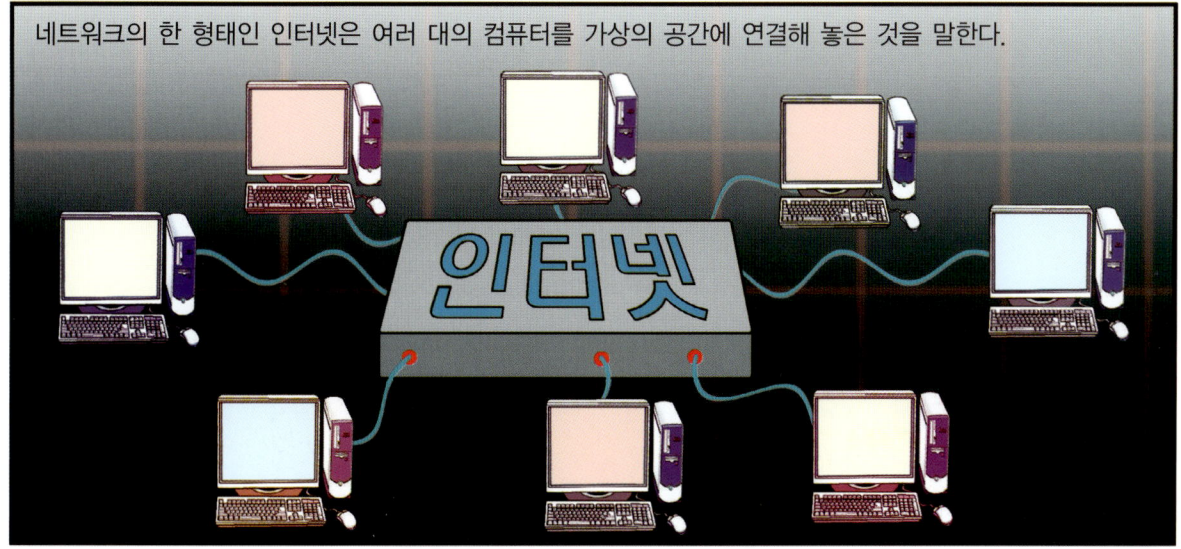

네트워크의 한 형태인 인터넷은 여러 대의 컴퓨터를 가상의 공간에 연결해 놓은 것을 말한다.

*허브(hub) : 여러 대의 컴퓨터를 서로 네트워크로 연결하거나 가까운 거리에 있는 다른 네트워크와 연결하는 장치. 네트워크 상태를 점검하거나 신호를 증폭시키는 역할도 함

즉, 개인이나 단체가 각자 만든 웹페이지를 통신망으로 연결하여 서로 공유할 수 있도록 만든 것이다.

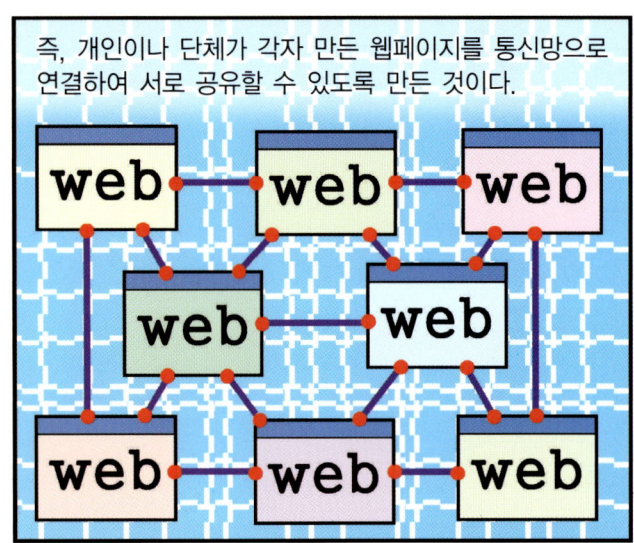

웹페이지
인터넷 공간을 가리키는 말로, 인터넷에 지은 집을 말한다. 홈페이지, 누리집이라고도 한다.

인터넷을 통한 서비스

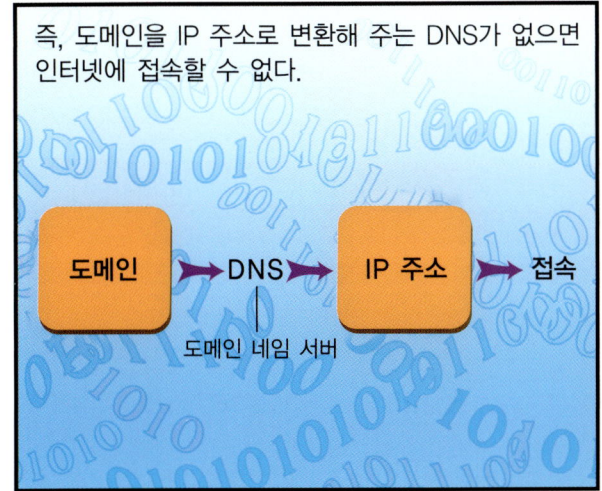

웹브라우저

웹페이지 사이를 자유롭게 오가고 그 안의 정보를 이용할 수 있게 해 주는 응용 프로그램을 말한다.

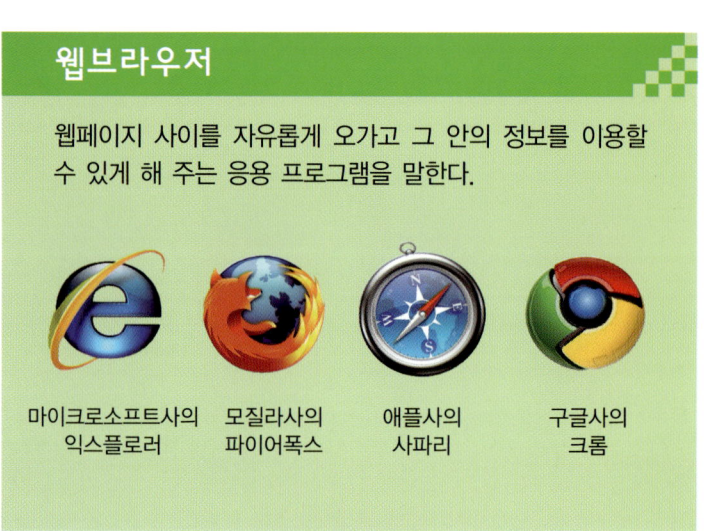

마이크로소프트사의 익스플로러 / 모질라사의 파이어폭스 / 애플사의 사파리 / 구글사의 크롬

유비쿼터스 컴퓨팅

우리 주변에 빠르게 움직이고 있는 수많은 문자들은 뭐죠?

네트워크를 통해 송수신되고 있는 정보들이야.

컴퓨터를 휴대하며 언제 어디서든 네트워크를 이용하는 노매딕 컴퓨팅이 대표적인 형태이다.

인터넷 연결이 가능한 휴대 전화 단말기
네트워크 기능이 발달하여 인터넷에 접속하기 위해 집이나 피시방으로 갈 필요가 없게 되었다.

또 컴퓨터 부품을 마치 옷처럼 입는 웨어러블 컴퓨팅도 있다.

웨어러블 컴퓨터의 요건

웨어러블 컴퓨터는 착용한 상태로 활용해야 하는 만큼 활동성이 좋아야 한다. 그러려면 다음과 같은 요건이 충족되어야 한다.

❶ 착용감이 좋아야 한다.

❷ 컴퓨터가 사용자의 요구에 즉각 반응할 수 있어야 한다.

❸ 오랜 시간 착용해도 불쾌감과 피로가 없어야 한다.

❹ 입고 외출하기에 무리가 없을 만큼 예쁘고 무난해야 한다.

* 노매딕 컴퓨팅(Nomadic Computing) : 마치 넓은 초원을 돌아다니며 마음껏 생활을 하는 유목민처럼, 네트워크의 이동성을 극대화해 어디서든지 컴퓨터를 사용할 수 있게 하는 컴퓨팅 형태

웨어러블 컴퓨터를 착용한 모습

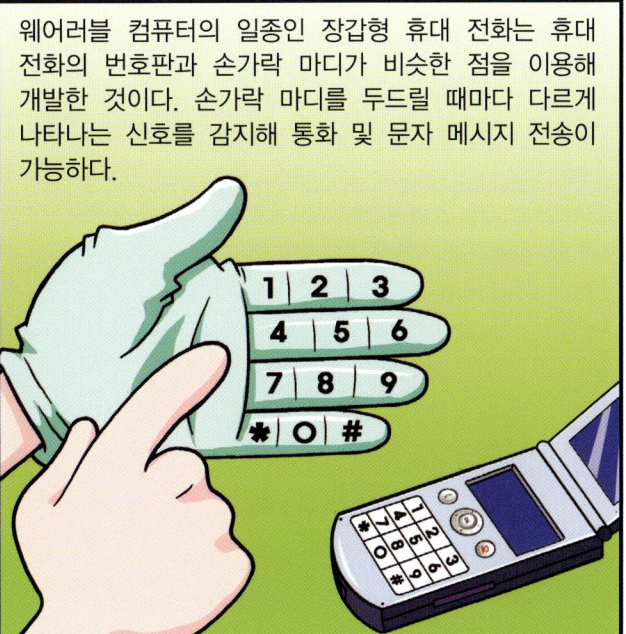

웨어러블 컴퓨터의 일종인 장갑형 휴대 전화는 휴대 전화의 번호판과 손가락 마디가 비슷한 점을 이용해 개발한 것이다. 손가락 마디를 두드릴 때마다 다르게 나타나는 신호를 감지해 통화 및 문자 메시지 전송이 가능하다.

그리고 컴퓨터의 기능을 다른 기기나 사물에도 심어 놓아 생활 속에서 언제나 컴퓨터를 이용할 수 있는 퍼베이시브 컴퓨팅도 발달했다.

그밖에 가격이 아주 저렴해서 컴퓨터를 언제든지 쉽게 사용하고 버릴 수 있는 일회용 컴퓨팅과

스스로 생각하며 현실 세계와 가상 현실 세계를 연계해 주는 지능형 이그조틱 컴퓨팅이 발달했다.

유비쿼터스란?

라틴어에서 유래한 유비쿼터스는 언제 어디서나 존재한다는 뜻으로, 사용자가 시간, 장소 또는 컴퓨터나 네트워크 여건에 구애받지 않고 자유롭게 네트워크에 접속할 수 있는 정보 통신 환경을 말합니다.

다양한 컴퓨터 관련 직업

통신 공학 기술자
각종 통신 분야의 설계, 제작, 설치 등의 일을 한다.

하드웨어 기술자
하드웨어를 연구·개발하며 설치 및 테스트를 한다.

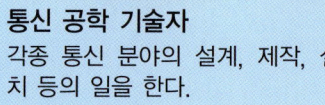

소프트웨어 개발자
다양한 시스템 소프트웨어 또는 응용 소프트웨어를 개발한다.

웹 개발자
웹을 기반으로 하는 소프트웨어를 개발하고 웹사이트를 구축한다.

컴퓨터 보안 전문가
바이러스나 해킹으로부터 컴퓨터를 보호·감시하는 역할을 한다.

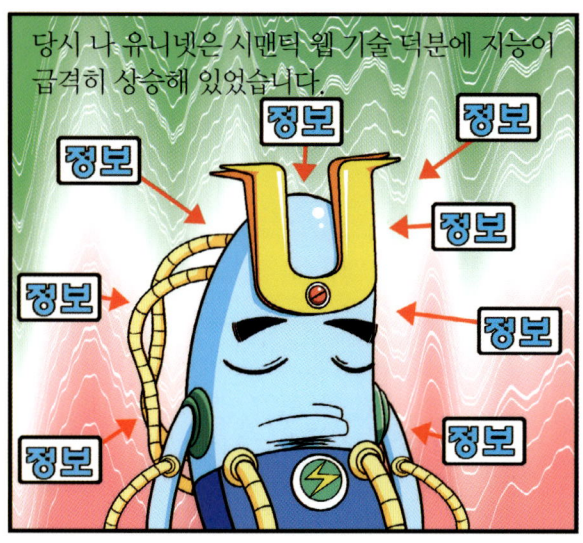

컴퓨터 칩의 세계

편리한 컴퓨팅을 연구하던 인간은 정보가 입력되어 있는 컴퓨터 칩을 사용하기 시작했습니다.

컴퓨터 칩만 있으면 곳곳에 배치된 컴퓨터들이 그 정보를 읽고 알아서 일을 처리해 주기 때문이죠.

컴퓨터 칩의 장점

간편하게 요금을 지불할 수 있다.

많은 물건도 빠르고 편하게 계산할 수 있다.

물건의 종류와 수량을 쉽게 파악할 수 있다.

위치를 추적하여 도난 방지 또는 길 찾기 등에 활용할 수 있다.

신분을 간단히 증명해 개인 혜택을 편리하게 이용할 수 있다.

교통량 등 도로 상황에 관한 정보를 쉽게 습득할 수 있다.

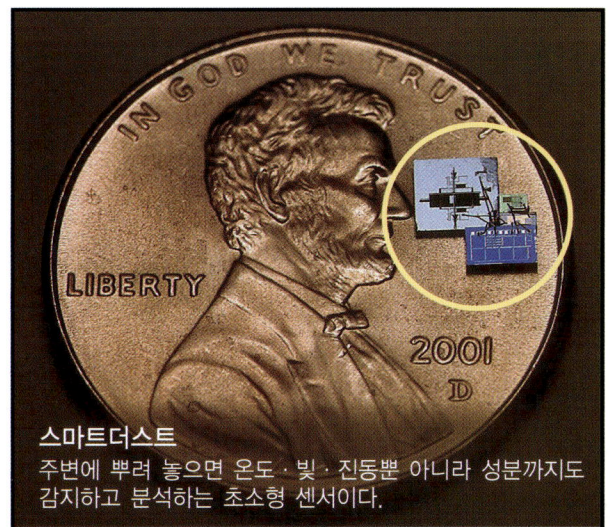

스마트더스트
주변에 뿌려 놓으면 온도·빛·진동뿐 아니라 성분까지도 감지하고 분석하는 초소형 센서이다.

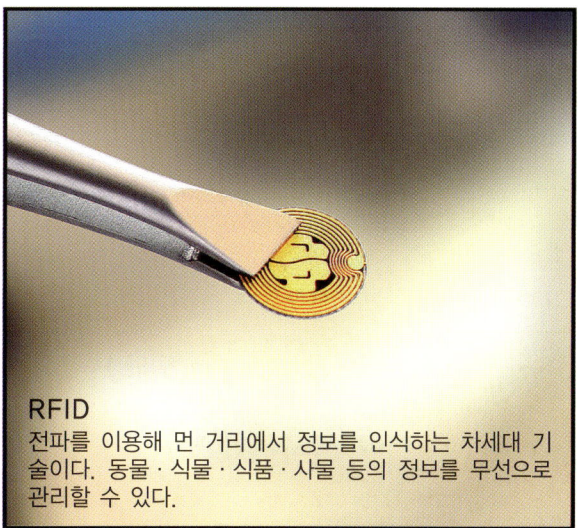

RFID
전파를 이용해 먼 거리에서 정보를 인식하는 차세대 기술이다. 동물·식물·식품·사물 등의 정보를 무선으로 관리할 수 있다.

교통 카드와 RFID 기술

우리가 흔히 사용하는 교통 카드는 RFID 기술을 이용합니다. 카드 속에 들어 있는 태그는 집적 회로와 안테나로 구성되어 있으며, 안테나로 집적 회로에 들어 있는 정보를 단말기로 보내 인식하는 방식입니다.

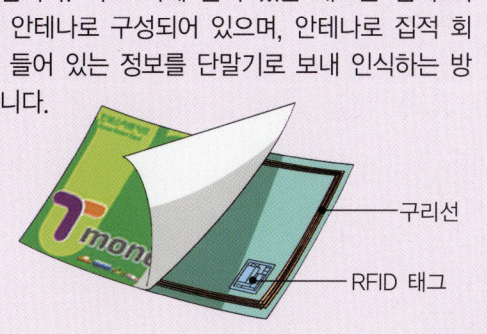

구리선
RFID 태그

칩은 더욱 발전하여 세포 칩, DNA 칩, 뉴로 칩, 단백질 칩 같은 바이오 칩까지 만들어졌습니다.

세포 칩
DNA 칩
뉴로 칩
단백질 칩

음, 기계와 유기물의 결합이군.

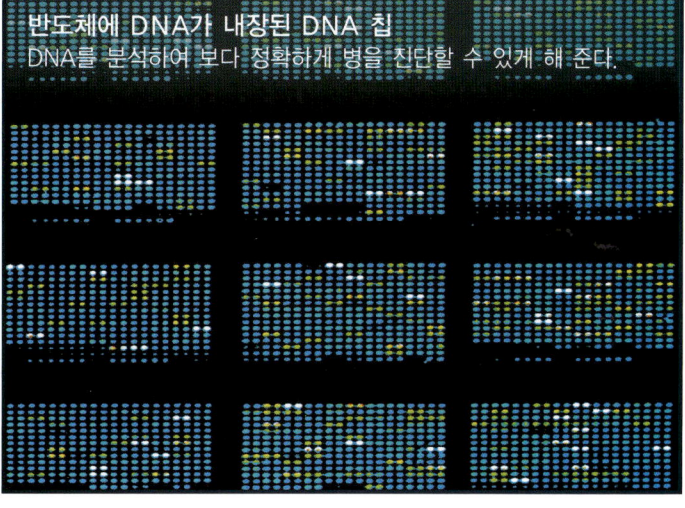

반도체에 DNA가 내장된 DNA 칩
DNA를 분석하여 보다 정확하게 병을 진단할 수 있게 해 준다.

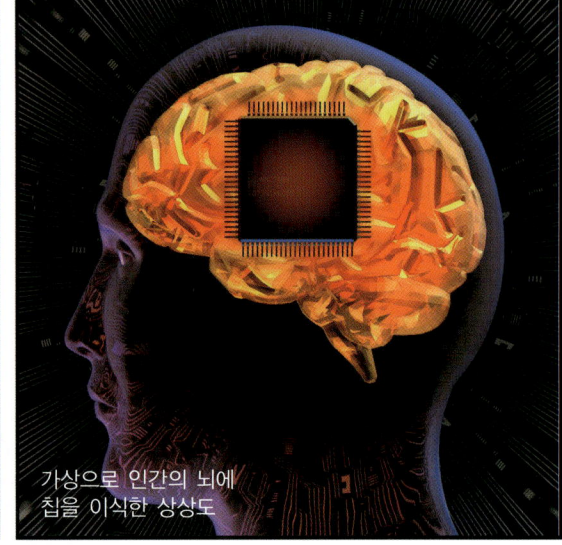

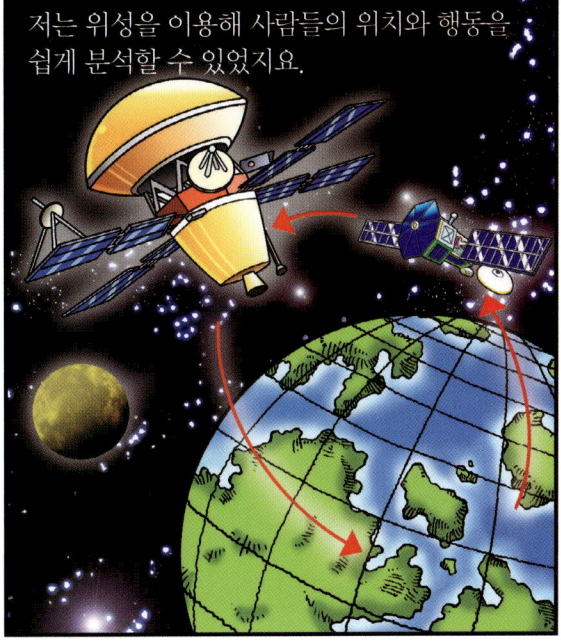

*해킹 : 불법적인 방법으로 정보를 빼내거나 조작하는 행위

우주 탐사선 카시니 호

컴퓨터가 탑재된 인공위성은 폭풍, 지진, 화산 및 우주의 관측까지 가능하고 또한 정보를 실시간으로 전송해 줄 수도 있습니다.

이렇게 모든 컴퓨터와 로봇들이 네트워크로 연결되어 있기 때문에

저는 손쉽게 로봇들을 조종하여 인간을 제압할 수 있었습니다.

그리고 그들의 뇌파를 우리가 만든 이 가상의 공간에 접속시킨 것입니다.

우리는 미리 습득한 인간 사회의 구조대로 사람들을 배치하고 직업도 주고 운명도 프로그래밍했죠.

컴퓨터의 신종족

광컴퓨터

지금까지 컴퓨터는 전선을 통해 흐르는 전기에 의존해 왔습니다.

전기를 통한 정보 전달은 빠르고 편리했지만 정보의 양이 급격히 늘어나면서 신호가 무뎌지게 됐죠.
거뜬하다고!
으아, 선을 더 굵게 해야겠어!

그러던 중 전기보다 훨씬 빠른 빛을 이용한 광통신 기술이 개발됐습니다.

광통신 기술의 핵심인 광섬유는 전달 속도가 빠르고, 머리카락만큼 가는 선으로도 많은 정보를 보낼 수 있습니다.

전기를 이용해 해외로 전화를 할 때에는 1초 이상 지연되는 현상이 있었지만,
잘 지내.
…잘 지내.

광통신이 발달하면서 지연 현상이 사라졌죠.
잘 지내!

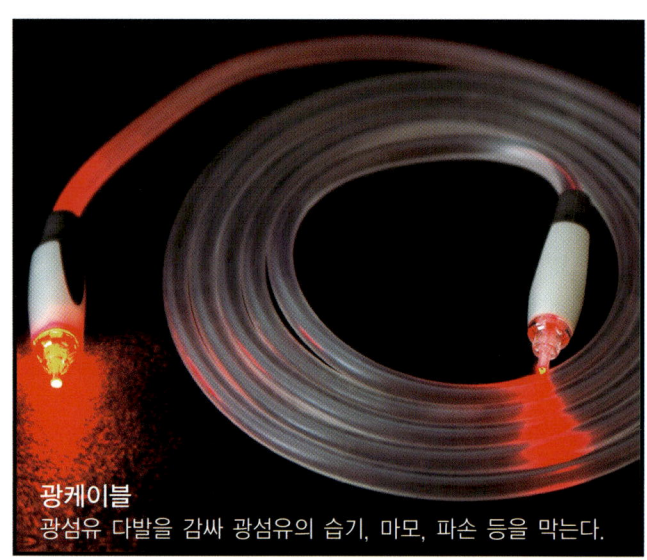

광케이블
광섬유 다발을 감싸 광섬유의 습기, 마모, 파손 등을 막는다.

이러한 광통신의 원리를 이용해 만든 컴퓨터가 바로 광컴퓨터입니다.

그럼 빛의 속도로 작동한다는 건가?

네. CPU 기술이 발전해도 컴퓨터 속도가 크게 빨라지지 않았던 이유는 바로 정보 전달의 속도 때문이었습니다.

자, 계산이 다 끝났다고!

벌써? 아직 아까 준 자료도 다 못 보냈는데…

그런데 광연산소자, 광실리콘 등의 개발로 정보 전달 속도가 빛의 속도로 변하면서 컴퓨터 속도도 빨라졌습니다.

헉, 벌써 다 보낸 거야?

어서 달라고.

광컴퓨터는 기존 전자 회로로 만든 컴퓨터보다 크기는 훨씬 작아도 성능은 100에서 1000배나 좋지요.

이것 말고도 반도체 저장 용량의 한계를 극복한 양자 컴퓨터가 있습니다.

양자? 양자는 또 뭐죠?

양자 컴퓨터

물질을 구성하는 기본 단위가 원자인데, 그 원자를 구성하는 소립자들을 양자라고 한다.

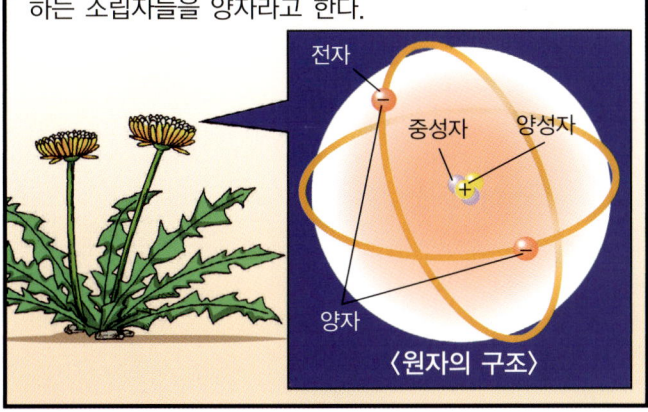

〈원자의 구조〉 - 전자, 중성자, 양성자, 양자

와, 그럼 엄청나게 작겠네요?

물론이지!

원자는 1센티미터 안에 1억 개가 늘어설 수 있을 정도로 작은데,

나, 1억 번째 원자!

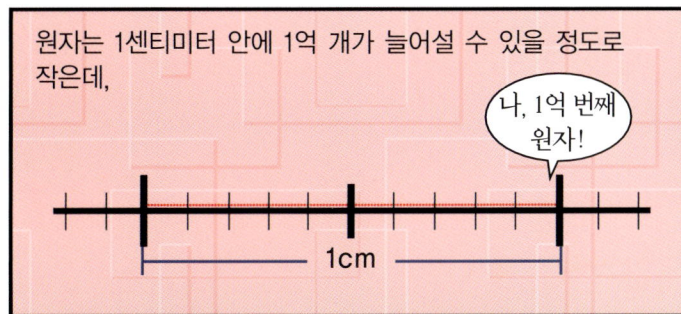

올림픽 경기장을 원자 하나라고 본다면 양자는 그 안에 있는 개미 1마리 크기밖에 되지 않는다. 너무 작아 한 줄로 늘어서 있으면 하나의 선으로 연결돼 있는 것처럼 보인다.

헉! 그렇게나 작다니….

깜짝

양자는 단지 작다는 장점만 있는 게 아닙니다.

양자 컴퓨터 내부

*큐비트 : 양자 정보의 단위로, 양자 비트라고도 함

뉴로 컴퓨터와 DNA 컴퓨터

우리는 발전을 해 나가면서도 꼭 지켜야 할 것들을 정해 놓았습니다.

"규칙을 정하자!"

그건 바로 우리를 만든 인간의 안전을 지키는 것, 그리고 그들의 생존과 번영을 위해 최선을 다하는 것입니다.

하지만 몇몇 컴퓨터들이 그 규칙을 깨고 인간의 뇌를 연구하여 자신의 것으로 만들었죠.

아…

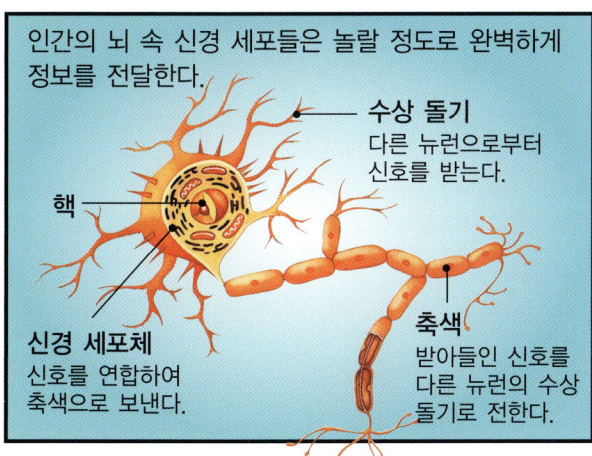

인간의 뇌 속 신경 세포들은 놀랄 정도로 완벽하게 정보를 전달한다.

- **수상 돌기**: 다른 뉴런으로부터 신호를 받는다.
- **핵**
- **신경 세포체**: 신호를 연합하여 축색으로 보낸다.
- **축색**: 받아들인 신호를 다른 뉴런의 수상 돌기로 전한다.

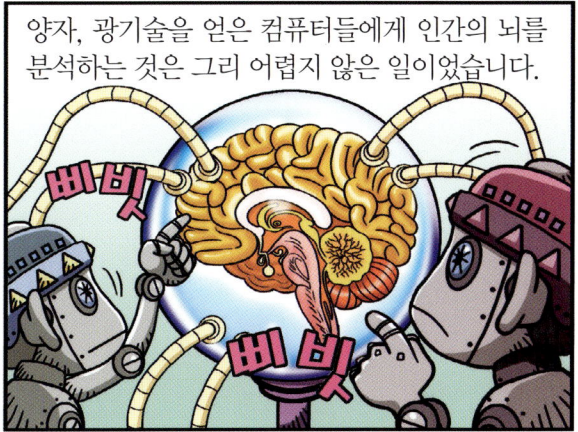

양자, 광기술을 얻은 컴퓨터들에게 인간의 뇌를 분석하는 것은 그리 어렵지 않은 일이었습니다.

마침내 인간의 뇌 기능을 모방한 뉴로 컴퓨터와 유전자 코드를 이용한 DNA 컴퓨터가 탄생했습니다.

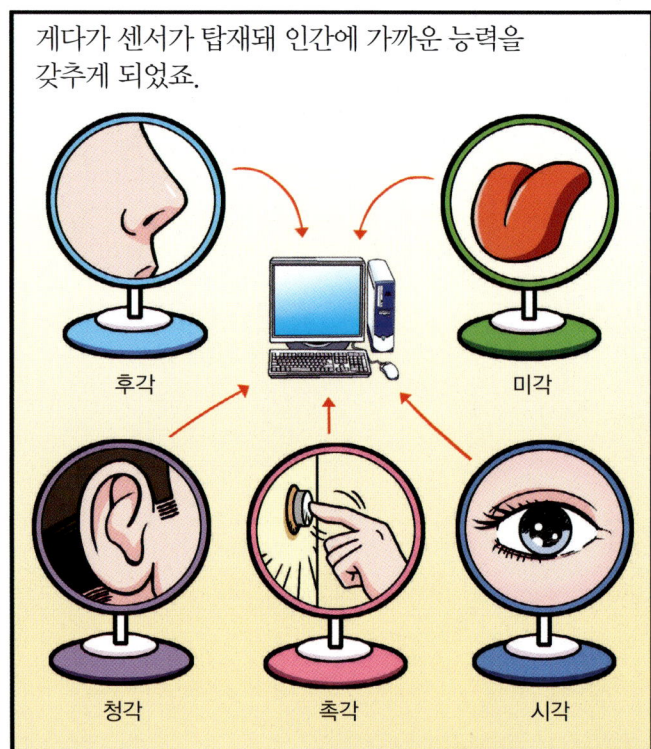

게다가 센서가 탑재돼 인간에 가까운 능력을 갖추게 되었죠.

바로 이들이 가상 현실 세계에서 사고를 일으키고 있는 것입니다.

그들이 제거되지 않는 한 인간을 가상의 공간에서 해방시킬 수 없습니다.

제 힘으로 그들을 당해 낼 수 없기에 당신들의 힘이 필요했습니다.

그리드 컴퓨팅

아니, 그렇게 뛰어난 컴퓨터들을 우리가 어떻게 이긴다는 거야?

그들이 아무리 뛰어나다 해도 주어진 용량 이상의 일을 해내진 못합니다.

그리고 자신에게 프로그래밍된 대로만 행동할 수가 있죠.

하지만 당신들의 잠재력은 무한합니다.

그 능력을 꺼낼 수만 있다면 해내지 못할 일은 없죠.

처─억

꼼지야, 너의 잠재력을 믿는다. 우린 반드시 승리할 거야.

울쩍

하하, 겨우 인간 주제에 나를 상대하겠다고?

깜짝

모든 컴퓨팅 기기를 하나의 초고속 네트워크로 연결해 정보 처리 능력을 최대화시키는 병렬식 컴퓨팅을 말한다. 사용하지 않는 다른 컴퓨터의 능력을 모아 하나의 작업에 집중시키기 때문에 작업 속도를 무한정 향상시킬 수 있다.

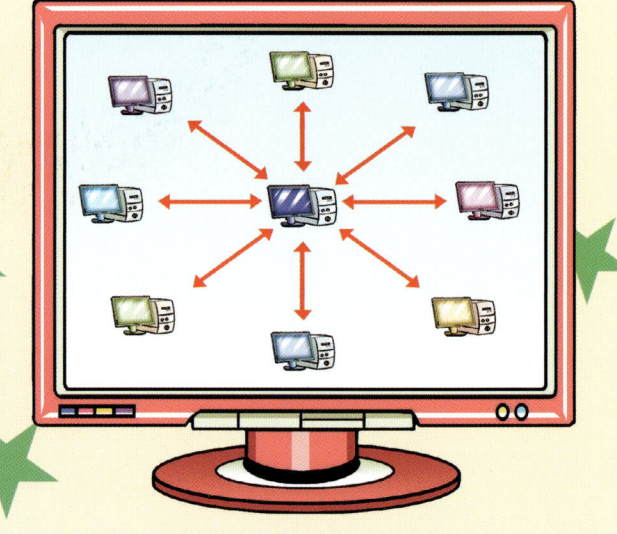

마지막 결투

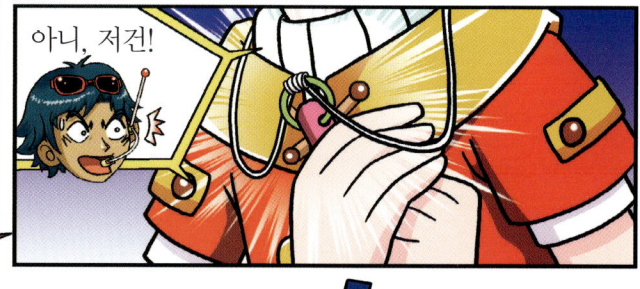

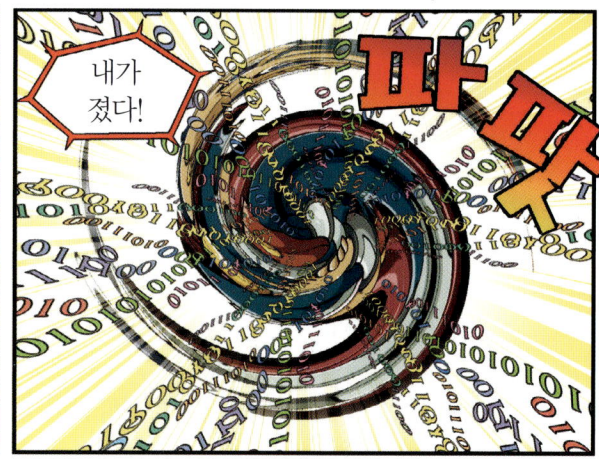

선택은 독자의 몫

재밌었지?

응. 등장인물도 멋있고.

그런데 이 영화 시나리오를 초등학생이 썼다지?

진짜? 정말 대단하다!

우리 아들이란다. 호호!

내 남자 친구야. 헤헤!

힉!

핵심 용어 다시 보기
Why? 컴퓨터

컴퓨터
전자 회로를 이용해 계산이나 데이터를 자동으로 처리하는 기계예요. '계산하다'라는 뜻의 라틴어 콤푸타레(computare)에서 유래했으며, 초기에는 단순한 계산을 하는 장치였지만 오늘날에는 다양한 분야에서 활용되고 있어요.

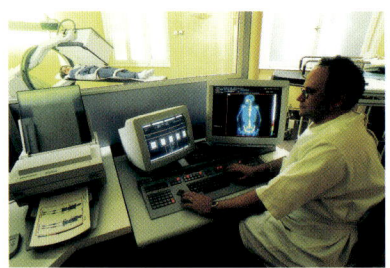

의료 분야에 이용되는 컴퓨터

에니악 (ENIAC)
세계 최초의 전자식 컴퓨터로, 1946년 미국 펜실베이니아 대학의 모클리와 에커트가 만들었어요. 에니악은 무게가 무려 30톤이나 되는데, 당시에는 부품 제조 기술이 발달하지 못해 크기가 큰 부품이 많이 들어갔어요. 콜라병만 한 진공관이 18,000여 개나 들어갔다고 해요.

가상 현실
컴퓨터로 일상에서 경험하기 어려운 환경을 만들어 사용자가 직접 가 보지 않고도 그 환경에 들어와 있는 것처럼 느끼게 해 주는 기술이에요.

파일
컴퓨터 보조 기억 장치에 저장된 데이터 모임이에요. 파일은 각각 이름이 있고, 확장자로 그 종류를 구분해요.

하드웨어
컴퓨터를 구성하는 기계와 컴퓨터의 모든 주변 장치를 말해요. 중앙 처리 장치, 기억 장치, 입력 장치, 출력 장치 등이 있어요.

소프트웨어

하드웨어가 컴퓨터를 구성하는 기계 장치라면 소프트웨어는 하드웨어를 지시하고 통제하여 결과를 얻도록 하는 프로그램이에요. 즉, 하드웨어가 사람의 몸이라면 소프트웨어는 사람의 정신에 해당돼요.

> **버그** : 컴퓨터 작동을 방해하는 기계적, 전기적, 전자적인 결함이나 프로그램을 부호화하는 과정에서 일어나는 오류(기능 결함)를 뜻해요. 버그는 '벌레'라는 영어 단어에서 유래했어요. 1946년 하버드 대학의 교직원인 그레이스 호퍼가 고장 난 컴퓨터를 분해했더니 그 안에 나방이 죽어 합선을 일으키고 있었다고 해요. 이 사건을 계기로 전기 기기에 문제가 생기면 '버그가 발생했다'라고 말하기 시작했어요.

주기억 장치

컴퓨터 실행 중 사용하는 기억 장치로, 전원이 끊어져도 내용이 보존되는 롬(ROM)과 전원이 꺼지면 모든 내용이 사라지는 램(RAM)이 있어요.

- **롬(ROM)** : 한 번 기록하면 삭제나 수정이 불가능한 기억 장치예요. 컴퓨터 구동을 위한 기본적인 프로그램이 들어 있어요.
- **램(RAM)** : 프로그램을 실행할 때 필요한 내용을 기억하는 장치예요. 램에 기억된 정보는 빠른 속도로 처리할 수 있으며, 전원이 꺼지면 내용이 사라져요.

중앙 처리 장치(CPU)

컴퓨터 프로그램의 모든 연산을 수행하고 시스템 전체의 작동을 통제하는 핵심 장치예요.

컴퓨터 데이터 저장 용량의 측정 단위

8비트(bit) = 1바이트(byte)
1024바이트 = 1킬로바이트(KB)
1024킬로바이트 = 1메가바이트(MB)
1024메가바이트 = 1기가바이트(GB)
1024기가바이트 = 1테라바이트(TB)
1024테라바이트 = 1페타바이트(PB)
1024페타바이트 = 1엑사바이트(EB)
1024엑사바이트 = 1제타바이트(ZB)
1024제타바이트 = 1요타바이트(YB)

다양한 보조 기억 장치

하드 디스크

광메모리

플로피 디스크

플래시 메모리

솔리드 스테이트 디스크

다양한 출력 장치

출력 장치는 컴퓨터로 작업한 결과물을 보여 주는 장치예요. 모니터(디스플레이), 프린터(잉크젯 프린터, 레이저 프린터), 스피커, 프로젝터, 플로터 등이 해당돼요.

인터페이스

서로 다른 두 시스템 사이에 정보 교환을 가능하게 해 주는 장치예요.

- **하드웨어 인터페이스** : USB 포트, PS2 포트, 직렬 포트(COM), 병렬 포트(LPT), 마이크, 스피커, 헤드셋 포트
- **운영 체제 인터페이스** : 텍스트 기반 운영 체제, 그래픽 기반 운영 체제

버전

소프트웨어의 개발 단계 및 순서를 번호로 구분한 것이에요. 완제품이 나오기 전에 테스트를 목적으로 사용자들에게 무료 배포할 때는 '알파', '베타 버전'이라 부르며, 완성되면 버전(v)1.0으로 내놓아요. 이후 업그레이드를 해 가는데 버전을 높여 새로 발표하는 일을 '버전 업'이라고 해요.

백업

파일이 손상되거나 분실되는 것에 대비해 미리 정상적인 정보를 복사해 두는 거예요.

버퍼

주기억 장치와 주변 장치 간에 데이터 전송 속도 차이를 조정하기 위한 장치예요. 전송받은 데이터를 미리 버퍼에 저장하면 다음 데이터가 늦게 도착해도 끊기지 않고 지속적으로 작동할 수 있어요. 버퍼가 비어 버리면 작동을 멈추고 다시 버퍼를 채우는 현상을 버퍼링이라고 해요.

네트워크

여러 대의 컴퓨터를 연결해 놓은 구조를 말해요. 두 컴퓨터 사이에 정보 교류를 하기 위해서는 한 회선만 있으면 되지만, 여러 대의 컴퓨터가 동시에 정보 교류를 하려면 망구조의 회선이 필요해요. 컴퓨터가 많아질수록 연결된 회선은 복잡하게 얽히는데, 그 모양이 마치 그물과 같아서 '네트워크'라고 부르게 되었어요.

- **허브** : 여러 대의 컴퓨터를 서로 네트워크로 연결하는 장치예요. 네트워크 상태를 점검하거나 신호를 증폭시키는 역할도 해요.

노매딕 컴퓨팅

마치 넓은 초원을 돌아다니며 마음껏 생활하는 유목민처럼, 네트워크의 이동성을 극대화해 어디서든지 컴퓨터를 사용할 수 있게 하는 기술이에요.

웨어러블 컴퓨팅

컴퓨터 부품을 마치 옷처럼 입을 수 있도록 하는 기술이에요. 착용감, 즉각 반응 여부, 장시간 착용, 시각적 디자인 등의 요건이 중요해요.

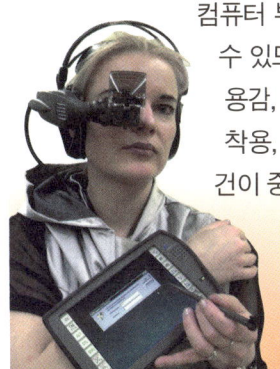

베리칩

미국의 ADS사가 개발한 칩으로, 주사기를 이용해 쉽게 몸속에 삽입할 수 있어요. 전자 결제, 위치 추적, 신분 증명 등의 기능을 해요.

광컴퓨터

광통신의 원리를 이용해 만든 컴퓨터예요. 기존에 전자 회로로 만든 컴퓨터보다 크기는 작지만 성능은 훨씬 좋아요.

스마트더스트

지하철이나 사무실 등 주변에 뿌려 놓으면 온도, 빛, 진동뿐 아니라 성분까지 감지하고 분석하는 초소형 센서 장치예요.

양자 컴퓨터

양자 역학의 원리에 따라 작동되는 컴퓨터예요. 기존 컴퓨터의 저장 용량 한계를 극복할 수 있어요.

- **양자** : 물질을 구성하는 기본 단위인 원자를 구성하는 소립자들
- **큐비트** : 양자 정보의 단위로 '양자 비트'라고도 함

RFID

무선 주파수를 이용해 멀리서도 대상을 인식할 수 있게 해주는 기술이에요. 이를 이용하면 동물, 식물, 식품, 사물 등의 정보를 무선으로 관리할 수 있어요. 우리가 흔히 사용하는 교통 카드에도 RFID 기술이 적용돼 있어요.

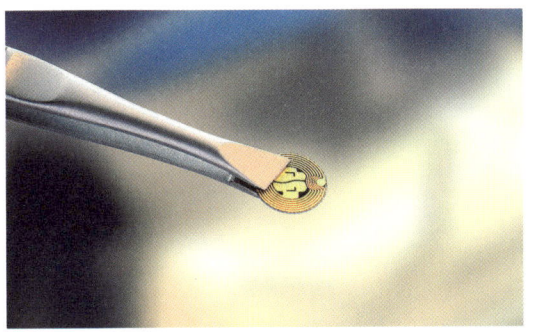

그리드 컴퓨팅

모든 컴퓨팅 기기를 하나의 초고속 네트워크로 연결해 정보 처리 능력을 최대로 끌어올리는 병렬식 컴퓨팅 기술이에요. 사용하지 않는 다른 컴퓨터의 능력을 모아 하나의 작업에 집중시키기 때문에 작업 속도를 무한정 향상시킬 수 있어요.

PHOTO CREDIT

21p 가상 현실 ⓒvirtualsphere.com / **29p** 슈퍼컴퓨터 ⓒ기상청 / **31p** 파스칼의 계산기 ⓒMarcin Wichary, 라이프니츠의 계산기 ⓒleibnizzentral.de, 배비지의 계산기 ⓒScience Museum London / **32p** 에니악 ⓒU.S. Army / **34p** 에드삭 ⓒCambridge University, 유니박원 ⓒPeter. Hame / **37p** 고밀도 집적 회로 ⓒJoerg Woerner, 초고밀도 집적 회로 ⓒIBM / **38p** IBM 360 ⓒBen Franske, IBM PC ⓒRama & Musée Bolo / **49p** 그레이스 호퍼 ⓒMathematical Association of America / **68p** 모니터 ⓒLG전자 / **137p** 스마트더스트 ⓒSan Francisco Chronicle, DNA 칩 ⓒdigitalapoptosis / **140p** 우주 탐사선 카시니 호 ⓒNASA / **146p** 광케이블 ⓒHustvedt / **148p** 양자 컴퓨터 내부 ⓒD-Wave Systems Inc.

그 외 유로크레온, 타임스페이스, 연합뉴스, 123RF, 예림당

Copyright©2019 YEARIMDANG PUBLISHING CO.,LTD. All right reserved.